BIG DATA

四川省大数据标准化发展
蓝皮书

四川省大数据中心
四川省大数据标准化技术委员会 / 编著

四川大学出版社
SICHUAN UNIVERSITY PRESS

图书在版编目（CIP）数据

四川省大数据标准化发展蓝皮书 / 四川省大数据中心，四川省大数据标准化技术委员会编著 . 一 成都 ：四川大学出版社，2023.10
ISBN 978-7-5690-5947-2

Ⅰ . ①四… Ⅱ . ①四… ②四… Ⅲ . ①信息经济－经济发展－研究报告－四川 Ⅳ . ① F492.3

中国国家版本馆 CIP 数据核字（2023）第 017865 号

书　　名：四川省大数据标准化发展蓝皮书
　　　　　Sichuan Sheng Dashuju Biaozhunhua Fazhan Lanpishu
编　　著：四川省大数据中心　四川省大数据标准化技术委员会

选题策划：唐　飞
责任编辑：唐　飞
责任校对：刘柳序
装帧设计：墨创文化
责任印制：王　炜

出版发行：四川大学出版社有限责任公司
　　　　　地址：成都市一环路南一段 24 号（610065）
　　　　　电话：（028）85408311（发行部）、85400276（总编室）
　　　　　电子邮箱：scupress@vip.163.com
　　　　　网址：https://press.scu.edu.cn
印前制作：四川胜翔数码印务设计有限公司
印刷装订：四川省平轩印务有限公司

成品尺寸：170mm×240mm
印　　张：16
字　　数：221 千字

版　　次：2023 年 10 月 第 1 版
印　　次：2023 年 10 月 第 1 次印刷
定　　价：60.00 元

扫码获取数字资源

四川大学出版社
微信公众号

主编单位

四川省大数据中心
四川省大数据标准化技术委员会

副主编单位

电子科技大学
成都市标准化研究院
四川省大数据技术服务中心
中国核动力研究设计院
中国民用航空飞行学院
成都智元汇信息技术股份有限公司
四川省信创中心
四川君逸数码科技股份有限公司
成都易训企业管理咨询有限公司
联通（四川）产业互联网有限公司

参编单位

北京世纪安图数码科技发展有限责任公司
四川铁投信息技术产业投资有限公司
成都市人力资源社会保障信息中心
四川省智能制造创新中心

序　言

　　信息技术与经济社会的交汇融合引发了数据迅猛增长，作为国家基础性战略资源，大数据正日益对全球生产、流通、分配、消费活动以及经济运行机制、社会生活方式和国家治理能力产生重要影响。在来势汹涌的大数据时代，谁能把握新一轮科技革命和产业变革新机遇，以数字化转型驱动生产方式、生活方式和治理方式变革，高速提升数据要素赋能经济社会高质量发展的能力，谁就能在未来发展中构筑竞争新优势。

　　四川省是经济大省、人口大省、资源大省，得天独厚的经济社会条件决定了四川省是数据资源大省，大数据发展应用有基础、有潜力、有机遇，前景十分广阔，有条件在国家大数据战略中争取走在前列。挖掘优厚的数据资源，推动四川省数字化改革和发展在全国竞争格局中占据新优势，是全省大数据人深入研究的课题和最高努力方向。

构建大数据发展新优势，着力点是多方面的，建章立制自然是首先要考虑的因素。省大数据中心自2019年7月成立以来，一直将建设四川省大数据制度作为推进大数据工作的突破方向，在推动大数据立法和标准化建设这两项"顶天立地"的制度建设上同时发力、同步推进，并初见成效。2023年1月1日，《四川省数据条例》正式实施，为全省大数据发展提供了基础性法规保障，在全省引起强烈反响。对比而言，大数据标准化建设却是"润物细无声"，作为大数据发展的技术支撑底座，标准研制出台不像法规条例一样众人瞩目、具有重大影响，但其立项编制来源于规范现实技术应用的真切需求，研制发布时间也比政策法规短，实施推广后可以立竿见影起到规范大数据生产生活的作用。

2021年底，在省市场监管局和省大数据中心的指导和支持下，省大数据标委会正式成立。作为大数据标准化建设专业技术机构，省大数据标委会担负着强化大数据标准化建设意识、推动大数据标准研制、推进大数据标准推广实施的重要使命。针对社会力量参与大数据标准化建设的积极性不足、大数据领域整体标准化意识有待加强、团体标准建设推进较慢等实际问题，省大数据标委会开展了一系列工作，在大数据地方标准、团体标准建设等方面取得了较好的成效。然而，我们也必须正视，全省大数据标准化建设的主观能动意识仍然不足，大数据社会团体、大数据企业等市场主体对于参与标准化建设的路径、方式等不够了解，大数据标准对支撑本土大数据企业做优做大、增强竞争优势的力度还有待提升，四川省大数据标准化建设任重而道远。

　　数字企业强，则数字经济强。四川省的数字企业在技术上有独特的优势，但由于缺乏标准化建设的支撑，这种技术优势不能完全转化为竞争优势，也就不能充分转化为支撑全省数字经济发展的动力源泉。提升企业参与标准化建设的意识，推动企业提升把握标准带来的发展机遇敏锐度，才能切实提升本土大数据企业的综合竞争能力，才能真正实现标准对全省大数据产业发展的基础性引领作用，才能高质量推进全省数字经济发展，全力支撑数字四川建设。基于此，省大数据中心和省大数据标委会共同编制并公开出版《四川省大数据标准化发展蓝皮书》，通过系统阐述和案例示范激发市场主体参与大数据标准化建设的强烈动力，引导更多力量投入标准化建设中，加快构建市场驱动、政府引导、企业为主、社会参与、开放融合的标准化工作格局。

目　录

1 研究背景和意义

1.1 大数据蓬勃发展

大数据是以容量大、类型多、存取速度快、应用价值高为主要特征的数据集合，正快速发展为对数量巨大、来源分散、格式多样的数据进行采集、存储和关联分析，从中发现新知识、创造新价值、提升新能力的新一代信息技术和服务业态。信息技术与经济社会的交汇融合引发了数据迅猛增长，数据已成为国家基础性战略资源，大数据正日益对全球生产、流通、分配、消费活动以及经济运行机制、社会生活方式和国家治理能力产生重要影响。[①]

党中央、国务院高度重视大数据在推进经济社会发展中的地位和作用。2014年，大数据首次写入政府工作报告，逐渐成为各级政府关注的热点，在国民经济和社会发展中的作用越来越突出；2015年9月，国务院印发了《促进大数据发展行动纲要》（国发〔2015〕50号），吹响了全面加快发展大数据的总号角，大数据正式上升至国家战略层面；党的十九大报告指出，要推动大数据与实体经济深度融合；党的二十大报告指出，加快发展数字经济，促进数字经济

---

① 内容摘自《促进大数据发展行动纲要》（国发〔2015〕50号）。

和实体经济深度融合，打造具有国际竞争力的数字产业集群。国家战略立足于全面打造国际先进、安全可控的核心技术体系，着力构筑移动互联网、云计算、大数据、物联网等领域发展优势。

目前大数据领域发展大数据技术、运用大数据推动经济发展、完善社会治理、提升政府服务和监管能力正成为趋势。从应用端来看，已有众多成功的大数据应用，但就其效果和深度而言，当前大数据应用尚处于初级阶段，在大数据应用的实践中，描述性、预测性分析应用多，决策指导性等更深层次分析应用偏少。随着应用领域的拓展、技术的提升、数据共享开放机制的完善，以及产业生态的成熟，具有更大潜在价值的预测性和指导性应用正成为发展的重点。从治理端来看，大数据治理体系远未形成，特别是在隐私保护、数据安全与数据共享利用效率间尚存在明显矛盾，这些已成为制约大数据发展的重要短板。各界已经意识到构建大数据治理体系的重要意义，相关的研究与实践正持续加强。从技术端来看，数据规模高速增长，2022年我国大数据产业规模达1.57万亿元，同比增长18%[①]，远高于其他非大数据领域的发展，但数据技术体系尚不完善，技术发展带来的数据处理能力提升远远落后于快速递增的数据规模，数据处理能力与数据资源规模之间的"剪刀差"将随时间持续扩大。在此背景下，大数据现象倒逼技术变革，将使得信息技术体系进行一次重构，这也带来了颠覆式发展的机遇。

2020年3月，中共中央、国务院发布的《关于构建更加完善的要素市场化配置体制机制的意见》（中发〔2020〕9号）将数据作为与土地、劳动力、资本、技术等传统要素并列的第五大生产要素，把数据作为一种新型生产要素写入国家政策文件中，提出要加快培育数据要素市场。在此之前，各地已对数据交易场所建设进行了具有

[①] 中华人民共和国国家互联网信息办公室官网，2023-02-22，《2022年我国大数据产业规模达1.57万亿元》，http://www.cac.gov.cn/2023-02/22/c_1678705746131710.htm。该数据于2023中国国际大数据产业博览会新闻发布会上发布。

借鉴意义的探索，有力支持了数据定价和数据确权新实践，在实现数据定价和数据确权方面积累了一些经验。作为支撑数字经济、数字社会、数字政府发展的关键要素，数据基本制度建设持续推进，《中华人民共和国数据安全法》《中华人民共和国个人信息保护法》等法律相继出台，《要素市场化配置综合改革试点总体方案》（国办发〔2021〕51号）、《关于构建数据基础制度更好发挥数据要素作用的意见》（中发〔2022〕32号）等政策文件陆续发布，《中华人民共和国国民经济和社会发展第十四个五年规划和2035年远景目标纲要》等事关中长期发展战略布局的重要文件也将培育数据要素市场、构建数据要素制度列入重点任务之一，数据要素开发利用的势头正在加速，大数据蓬勃发展的趋势持续延伸。

1.1.1　数据赋能经济转型

以数据为关键生产要素的数字经济已经进入全新时代，深刻影响社会分工协作的组织模式，促进生产组织方式的集约和创新，持续激发商业模式创新，不断催生新业态。2012年至2021年间，我国数字经济规模从11万亿元增长到超45万亿元，数字经济占国内生产总值比重由21.6%提升至39.8%。[①]特别是新冠肺炎疫情暴发以来，各地政府纷纷把数字经济作为经济发展的稳定器；同时，疫情倒逼三次产业数字化转型，产业数字化转型为数字经济发展提供了广阔空间。工信部发布的《"十四五"大数据产业发展规划》提出，"十四五"时期是我国工业经济向数字经济迈进的关键时期，对大数据产业发展提出了新的要求，产业将步入集成创新、快速发展、深度应用、结构优化的新阶段。到2025年，大数据产业测算规模突

---

① 中华人民共和国中央人民政府官网，2022-10-02，《十年间，规模从11万亿元增长到超45万亿元——数字经济发展跃上新台阶》，http://www.gov.cn/xinwen/2022-10/02/content_5715622.htm。

破3万亿元，年均复合增长率保持在25%左右，创新力强、附加值高、自主可控的现代化大数据产业体系基本形成。

近几年，与大数据结合紧密的行业逐步向工业、政务、电信、交通、金融、医疗、教育等领域广泛渗透，应用逐渐向生产、物流、供应链等核心业务延伸，涌现了一批大数据典型应用，企业应用大数据的能力逐渐增强。电力、铁路、石化等实体经济领域龙头企业不断完善自身大数据平台建设，持续加强数据治理，构建起以数据为核心驱动力的创新能力，行业应用"脱虚向实"趋势明显，大数据与实体经济融合程度不断加深。2022年，工信部经企业申报、单位推荐、专家评审、网上公示，确定了大数据产业发展试点示范项目名单[①]，明确了3个重点领域和8个具体方向（见表1-1），其中仍以三次产业的行业大数据应用示范试点为主。

表1-1 工信部公布2022年大数据产业发展试点示范项目重点领域和具体方向

序号	重点领域	具体方向	数量
1	数据要素市场培育试点示范	数据管理能力提升	6
2		数据交易流通	6
3		数据要素服务生态培育	4
4	大数据重点产品和服务试点示范	大数据重点产品	48
5		大数据服务	29
6	行业大数据应用试点示范	农业大数据应用	11
7		工业大数据应用	46
8		服务业大数据应用	59

① 内容摘自《2022年大数据产业发展试点示范项目名单》（工信厅信发函〔2022〕219号）。

1.1.2　数据赋能社会发展

随着数字技术全面融入人们的社会交往和日常生活，公共服务和社会运行方式不断创新，数字社会飞速发展，聚焦教育、医疗、养老、文体、交通、旅游等重点领域的数字化服务应用层出不穷，手机支付、网上挂号、App打车、在线学习、网络订餐、协同办公逐渐成为人们生活、工作的常态，持续便利群众的日常生活。在新冠肺炎疫情防控中，员工居家办公，师生线上教学，社会秩序得以最大限度地保持稳定，数字技术在新冠肺炎疫情防控中发挥重要支撑作用。[①]未来几年，数字社会发展构筑美好数字生活新图景，智慧便捷的公共服务将会持续发展，服务模式和产品不断出现；以数字化助推城乡发展和治理模式创新，分类分级推进新型智慧城市建设，加快推进数字乡村建设；购物消费、居家生活、旅游休闲、交通出行等各类场景数字化，打造智慧共享、和睦共治的新型数字生活；信息无障碍加快建设，老年人、残疾人等共享数字生活。[②]

1.1.3　数据赋能政府职能转变

加强数字政府建设是适应新一轮科技革命和产业变革趋势、引领驱动数字经济发展和数字社会建设、营造良好数字生态、加快数字化发展的必然要求，是建设网络强国、数字中国的基础性和先导性工程，是创新政府治理理念和方式、形成数字治理新格局、推进国家治理体系和治理能力现代化的重要举措，对加快转变政府职能，建设法治政府、廉洁政府和服务型政府意义重大。各级政府将数字技术广泛应用于政府管理服务，推动政府治理流程再造和模

[①] 内容摘自《关于加强数字政府建设的指导意见》（国发〔2022〕14号）。
[②] 内容摘自《中华人民共和国国民经济和社会发展第十四个五年规划和2035年远景目标纲要》。

式优化，业务信息系统建设和应用成效显著，不断提高决策科学性和服务效率，数据共享和开发利用取得积极进展，一体化政务服务和监管效能大幅提升，"最多跑一次""一网通办""一网统管""一网协同""接诉即办"等创新实践不断涌现①，数字治理成效不断显现，我国数字政府建设正在迈入新阶段，充分发挥对数字经济、数字社会、数字生态的引领作用，推动经济社会高质量发展，增强人民群众获得感、幸福感、安全感②。

1.2 标准化推动历史进步

标准是社会制度的重要组成部分，2000多年前，秦始皇颁布"书同文、车同轨"的标准，并统一度量衡和货币，为中华民族数千年大一统的格局奠定了基础，这是标准对于传承伟大文明古国的贡献。历史在标准中流淌，活字印刷、建筑搭建③、农业和手工业生产④，这些行业的发展都闪耀着标准的光辉。标准化作为一门学科，起源于近代，但它在历史的进程中从来不曾缺席过，它不仅有效推动了技术进步，提升了生产力，还改变了人类生产方式，巩固了政权，传承了民族共同的基因。

---

① 内容摘自《关于加强数字政府建设的指导意见》（国发〔2022〕14号）。

② 内容摘自《关于加强数字政府建设的指导意见》（国发〔2022〕14号）和《中华人民共和国国民经济和社会发展第十四个五年规划和2035年远景目标纲要》。

③ 北宋著名建筑学家李诫在两浙工匠喻皓《木经》的基础上编制完成《营造法式》，于公元1103年初印，这是北宋官方颁布的一部建筑设计、施工的规范书，是我国古代最完整的建筑技术书籍，在中国建筑近千年发展中起到指导作用。

④ 明末科学家宋应星编写了《天工开物》，于1637年初刊，书中全面、系统地记录了我国古代农业和手工业的生产技术和工艺装备，这些成型的标准化生产技术有力引领了农业和手工业的发展。

1.2.1　标准化的定义及作用

标准化是指在经济、技术、科学和管理等社会实践中，对重复性的事物和概念，通过制定、发布和实施标准达到统一，以获得最佳秩序和社会效益。国家标准《标准化工作指南 第1部分：标准化和相关活动的通用词汇》（GB/T 20000.1—2002）对"标准化"的定义是："为了在一定范围内获得最佳秩序，对现实问题或潜在问题制定共同使用和重复使用的条款的活动。[①]"

标准化的重要意义是改进产品、过程和服务的适用性，防止贸易壁垒，促进技术合作，它的作用充分体现在经济社会发展的方方面面，为科学管理奠定了基础，是组织现代化生产的重要手段和必要条件，是国家资源合理利用、节约能源和节约原材料的有效途径，是推广新材料、新技术、新科研成果的桥梁，是消除贸易障碍、促进国际贸易发展的通行证。通过标准化以及相关技术政策的实施，可以整合和引导社会资源，激活科技要素，推动自主创新与开放创新，加速技术积累、科技进步、成果推广、创新扩散、产业升级以及经济、社会、环境的全面、协调、可持续发展。中共中央、国务院发布的《国家标准化发展纲要》指出，标准是经济活动和社会发展的技术支撑，是国家基础性制度的重要方面。标准化在推进国家治理体系和治理能力现代化中发挥着基础性、引领性作用。

1.2.2　大数据标准化的定义及作用

大数据标准化是通过制定共同使用、重复使用的条款，对数据的定义、分类、格式、编码等进行统一规定。大数据标准化作为数

---

① 该定义其后注明：a.上述活动主要包括编制、发布和实施标准的过程；b.标准化的主要作用在于其预期目的改造产品、过程或服务的适用性，防止贸易壁垒，并促进技术合作。

字化发展的基层底座，对有效理顺数字化发展秩序、规范数据要素开发利用行为具有指导作用，能够引领数字化有序健康发展，推动新时代经济社会高质量发展。[①]《国家标准化发展纲要》指出，数据领域标准化建设是大数据蓬勃发展的基础保障，是数字经济、数字社会、数字政府建设的技术支撑，是支持国家大数据战略和数据要素市场建设的重要抓手，其突出作用在国家和四川省重大政策文件中体现明显。

国务院印发的《"十四五"数字经济发展规划》《关于加强数字政府建设的指导意见》（国发〔2022〕14号）均对数据资源标准体系建设、数据治理制度和标准体系健全提出明确要求，构建科学规范的数字政府建设制度规则体系，健全标准规范，强化高质量数据要素供给，推动数据资源标准体系建设，提升数据管理水平和数据质量。工信部印发的《"十四五"大数据产业发展规划》高度重视推动大数据标准化工作，将"标准引领作用显著增强"作为"十四五"时期大数据产业发展的重要目标，全面布局大数据标准化工作，全文提及"标准"一词39次，涉及加快培育数据要素市场、夯实产业发展基础、筑牢数据安全保障防线等多项主要任务和重点行动。

2022年12月，中共中央、国务院印发了《关于构建数据基础制度更好发挥数据要素作用的意见》（中发〔2022〕32号）（即俗称的"数据二十条"），将大数据标准化建设提到极为重要的位置，全文多处对标准作为重点任务提出具体要求，覆盖数据发展全生命

---

① 本书"大数据标准化"定义的确定，贯彻了《国家标准化发展纲要》关于标准重要性的精神，该文件原文表述为：标准是经济活动和社会发展的技术支撑，是国家基础性制度的重要方面。标准化在推进国家治理体系和治理能力现代化中发挥着基础性、引领性作用。新时代推动高质量发展、全面建设社会主义现代化国家，迫切需要进一步加强标准化工作；同时，结合《标准化工作指南 第1部分：标准化和相关活动的通用词汇》（GB/T 20000.1—2002）对于"标准化"的定义，即上文所述：标准化是指在经济、技术、科学和管理等社会实践中，对重复性的事物和概念，通过制定、发布和实施标准达到统一，以获得最佳秩序和社会效益。

周期，并将完善数据各主要领域关键环境的政策及标准作为制度建设构建数据基础制度的保障措施。

2023年2月，中共中央、国务院印发了《数字中国建设整体布局规划》。文件指出，要重点布局数据分类分级、数据安全风险评估、网络数据监测预警和应急处置，并完善数字法律法规体系，构建技术标准体系，编制数字化标准工作指南，加快制定修订各行业数字化转型、产业交叉融合发展等应用标准，营造公平规范的数字治理生态，加快推进数字中国建设。

《四川省"十四五"数字政府建设规划》也对数字政府标准建设提出具体举措，该规划提出，完善数字政府总体框架，构建统一适用的标准规范，建立完善四川省数字政府管理、运行、技术等标准规范体系，制定出台业务事项目录、业务流程和规则、政务服务运行等业务标准，以及信息分类编码、数据资源语义描述、数据资源目录体系、数据交换共享开放、数据资源管理、电子文件归档等数据标准，重点制定完善政务云、公共支撑平台、电子政务网络等基础标准，应用开发共性组件、应用系统平台接口等服务标准，物理安全、数据安全、网络平台安全、应用系统安全、管理安全等安全标准。《四川省"十四五"数字经济发展规划》也提出，要完善政务数据共享交换标准体系、研究建立保障大数据流通交易的制度标准规范、鼓励构建区块链行业标准体系等内容。

2023年1月1日开始实施的《四川省数据条例》是四川省数据领域第一部基础性法规，充分发挥了立法的保障、引领和推动作用，助推四川省经济社会高质量发展。该条例共8章70条，其中有两条涉及数据标准建设内容。该条例第一章第七条规定，加强数据标准体系建设和管理，制定完善并推广数据收集、共享、开放、应用等标准规范；鼓励企业、科研机构和社会团体等参与制定数据国家标准、行业标准、团体标准和地方标准等技术规范。该条例第六章第六十六条规定，与重庆市共同开展川渝地区数据标准化体系建设，共同建立数据基础性标准和规范，促进数据资源跨区域共享和利用。

国省各项重要政策文件对于大数据标准化建设的多次强调，是在长期的大数据工作管理实践中总结出来的战略思路和具体举措，充分体现了大数据标准化对于数字化发展的基础性和引领作用。这些政策文件是对我国和四川过去10年大数据发展经验的验证和延续，为未来的大数据工作指引了方向，推动大数据标准化建设有序、可持续发展。

1.3　研究目的和意义

四川省大数据发展应用有基础、有条件、有潜力、有机遇，前景十分广阔，有条件在国家大数据战略中走在前列。省委十二届二次全会指出，信息化是当今时代最鲜明的特征和标志，必须更好地发挥信息化牵引带动作用，加快建设数字四川，推动基础设施信息化升级，推动企业行业信息化改造，推动经济社会信息化转型，促进数字经济与实体经济深度融合。大数据标准化建设是支撑我省数字经济长足发展、数字社会和数字政府加快建设的技术基础，加快大数据标准化建设是我省数字化转型的重点支撑和重要抓手。

为明确我省大数据标准化需求，稳步有序推动我省大数据标准化建设，促进标准化在构筑数字经济发展高地中发挥更大作用，为四川信息化引领、数字化发展提供有力支撑，更好助力全省经济社会高质量发展，四川省大数据中心（以下简称省大数据中心）、四川省大数据标准化技术委员会（以下简称省大数据标委会）会同省大数据标委会成员单位共同编制《四川省大数据标准化发展蓝皮书》（以下简称《蓝皮书》）。《蓝皮书》在梳理各省大数据标准建设的最新政策法规及标准体系的基础上，展示了我省大数据标准化领域的研究成果和实践经验，充分考虑数据要素市场化配置改革、数据治理能力提升及企业数字化转型等发展趋势，针对我省标准化建设中的痛点、难点，加快完善大数据标准体系建设，研究进一步推进大数据标准化工作的建议。

《蓝皮书》的编制发布，旨在分享大数据标准专业领域的研究成果和实践经验，呼吁社会各界共同关注大数据政策研究、技术投入、服务应用和标准化建设，加强对大数据标准化工作的重视程度，引导更多力量投入标准化建设中，加快构建市场驱动、政府引导、企业为主、社会参与、开放融合的标准化工作格局。

2 大数据标准化发展现状

2.1 国外现状

2.1.1 国外政策

美国政府将大数据视为强化美国竞争力的关键因素之一，把大数据研究和生产计划提高到国家战略层面。早在2009年，美国政府就发布了《开放政府指令》，根据该文件，行政规制机构应当"以开放的格式在线发布信息"，以体现新政府的"开放、参与和协作精神"。2012年3月，美国政府宣布投资2亿美元启动"大数据研究和发展计划"，这是继1993年美国宣布"信息高速公路"计划后的又一次重大科技发展部署。以美国科学与技术政策办公室（OSTP）为首，国土安全部、美国国家科学基金会、国防部、美国国家安全局、能源部等已经开始与民间企业或大学共同开展多项大数据相关的研究开发，美国政府为之拨出超过2亿美元的研究开发预算。

2012—2016年，美国政府相继发布了《大数据研究和发展倡议》《国家信息共享与保护战略》《国家信息共享与保护战略》《实现政府信息开放和机器可读取行政指令》《大数据：把握机遇，守护价值》白皮书和《联邦大数据研究与发展战略计划》等文件，确保大数据发展的过程中力求安全、开放。[①]2019年12月，美国白宫行政管理和预算办公室（OMB）对美国政府2020—2030年的十年数据发展计划进行了详细的描述，并将之命名为《联邦数据战略与2020年行动计划》。该计划明确了美国政府在数据领域的使用过程中需遵循的框架以及原则。2021年10月，OMB发布《联邦数据战略与2021年行动计划》，鼓励各机构继续实行联邦数据战略。该计划进一步强化了美国在数据治理、规划和基础设施方面的活动。[②]表2-1为美国发布的部分大数据相关政策。

表2-1　美国发布的部分大数据相关政策

序号	发布时间	政策文件名称
1	2009年	《开放政府指令》
2	2012年	《大数据研究和发展倡议》
3	2012年	《国家信息共享与保护战略》
4	2013年	《实现政府信息开放和机器可读取行政指令》
5	2014年	《大数据：把握机遇，守护价值》白皮书
6	2016年	《联邦大数据研究与发展战略计划》
7	2019年	《联邦数据战略与2020年行动计划》
8	2022年	《联邦数据战略与2021年行动计划》

继美国率先开启大数据国家战略先河之后，欧洲联盟委员会（以下简称欧盟）、日本等也纷纷加快了数字化发展的步伐。

2010年4月，欧盟发起欧洲数字化议程，致力于利用数字技术刺激欧洲经济增长，帮助公众和企业最大化地利用数字技术，并发布了开放数据平台（ODP）。ODP不仅提供数据，还建立了数据的统一

---

① 内容基于天府大数据研究院《2018全球大数据分析报告》整理而得。

② 内容基于全国信标委《大数据标准化白皮书（2020年）》和中国通信院《2021年大数据白皮书》整理而得。

语法规则，保证数据发布机构、公众、应用开发者都能够下载这些数据，利用这些数据开发新的应用。2018年5月，欧盟颁布了《通用数据保护条例》，凸显了大数据时代数据隐私保护的重要性。2020年2月，欧盟发布了数据发展规划《欧洲数据战略》，提出欧洲将着力增强欧盟企业及公民数字能力建设，并且将关注点放在大数据领域中所应用的技术，让大数据技术巨头市场力量充分地发挥出来，持续挖掘数据中的强大动力，为欧洲成为世界上最具竞争力的数据敏捷型经济体提供强大的能源支撑。2022年2月，欧盟发布了《数据法：关于公平访问和使用数据的统一规则的法规提案》。2022年5月，欧盟批准的《数据治理法》为践行欧洲数据战略的关键立法成果，也代表了欧盟数据治理的最新发展趋向。表2-2为欧盟发布的部分大数据相关政策。

表2-2　欧盟发布的部分大数据相关政策

序号	发布时间	政策名称
1	2013年	《公共部门信息再利用指令修订版》
2	2018年	《通用数据保护条例》
3	2018年	《非个人数据自由流动条例》
4	2019年	《网络安全法案》
5	2019年	《开放数据指令》
6	2020年	《欧盟运作条约》
7	2020年	《欧洲数据战略》
8	2022年	《数据法：关于公平访问和使用数据的统一规则的法规提案》
9	2022年	《数字服务法案》
10	2022年	《数据治理法》
11	2022年	《数字市场法案》

2013年6月，安倍内阁正式公布了新IT战略《创建最尖端IT国家宣言》，该宣言全面阐述了2013—2020年间以发展开放公共数据和大数据为核心的日本新IT国家战略，提出要把日本建设成为一个具有"世界最高水准、广泛运用信息产业技术的社会"。2017年10月，日本公正交易委员会竞争政策研究中心发布了《数据与竞争政策研究报告书》，明确了运用竞争法对"数据垄断"行为进行规制的主要原则和判断标准。2021年6月，日本发布《综合数据战略》，旨在为日本建设世界顶级数字国家打造坚实的数字基础，明确了数据战略的基本思路，制定了社会愿景及基本行动指南。表2-3为日本发布的部分大数据相关政策。

表2-3　日本发布的部分大数据相关政策

序号	发布时间	政策名称
1	2012年	《面向2020年的ICT综合战略》
2	2013年	《创建最尖端IT国家宣言》
3	2014年	《网络安全基本法》
4	2016年	《促进公私合营数据利用基本法》
5	2017年	《数据与竞争政策研究报告书》
6	2021年	《综合数据战略》

2.1.2　国际标准化组织

目前国际上主要有五大标准化组织针对大数据进行专门研究，分别是ISO/IEC JTC1 SC32、ISO/IEC JTC 1/SC 42/WG 2、ITU-T、IEEE BDGMM和NIST。

ISO/IEC JTC1 SC32是数据管理和交换工作分技术委员会，是与大数据最为密切相关的标准化组织。该分技术委员会致力于研究信息技术系统下的数据管理和交换标准，以期协调不同行业之间的数据交换。ISO/IEC JTC1 SC32主要研究的大数据标准内容包括：对现有数据标准和新制定的标准框架进行协调；用于持久性数据存储、并发式数据访问和交互式数据协议等标准；用于元数据构造和注册及各类信息资源交互方法、语言服务和协议等标准。其下包括4个工作组：WG1电子业务、WG2元数据、WG3数据库语言和WG4 SQL多媒体及应用包。[1]

ISO/IEC JTC 1/SC 42/WG 2（原ISO/IEC JTC 1/WG 9）是人工智能分委员会，又称数据工作组，于2014年11月成立，其主要研究的大数据标准内容包括：参考架构和术语在内的基础性大数据标准；对潜在的大数据标准化需求进行识别和认定；保持和大数据相关的JTC1其他工作组之间的联系等。2020年4月6—20日，ISO/IEC JTC 1/SC 42第五次全会及工作组会议在线上召开，中国代表团在本次会议上取得了丰硕成果，顺利将我国牵头的《分析和机器学习的数据质量 数据质量过程框架》及《知识工程参考架构》两项国际标准提案推进至立项投票阶段；同时将我国牵头的ISO/IEC TR 24372《人工智能系统计算方法概述》推进至意见处理及草案编辑阶段。后续我国代表团将继续推进现有任务，在人工智能基础、数据、可信、用例及应用、人工智能系统计算方法等方面全面参与国际标准化工作，推动我国在人工智能国际标准化中持续作出贡献。

ITU-T是国际电信联盟，是联合国的一个重要专门机构，也是联合国机构中历史最长的一个国际组织，其重点研究基于大数据的云计算相关技术。ITU-T认为，大数据面临的最大挑战在于数据保护、隐私和网络安全，以及相关法律法规的制定等问题。2013年11月，ITU-T发布了题为《大数据：今天巨大，明天平常》的技术观察报

---

① 宋明顺，鲁伟，郑素丽.大数据标准化现状与发展思路研究：产业发展视角［J］.标准科学，2017（5）：17-22.

告，该技术观察报告分析了大数据相关的应用实例，指出大数据的基本特征、促进大数据发展的技术，并在报告的最后部分分析了大数据面临的挑战和ITU-T可能开展的标准化工作。目前ITU-T开展的标准化工作主要包括大数据网络基础设施标准，网络数据抓取、挖掘和分析标准，开放数据标准等。2022年6月21日，由中国信通院云计算与大数据研究所、内容科技产业推进方阵、中国通信标准化协会TC602联合主办的"2022内容科技成果发布会"上公布，在备受关注的数字人领域，我国相关各方已牵头制定2项ITU-T国际标准，属于全球首创。

IEEE大数据治理和元数据管理（BDGMM）于2017年6月成立，主导大数据标准化工作。IEEE BDGMM的目标是能够整合来自不同领域的异构数据集，通过可操作的规范的基础设施，使数据可发现、可访问和可利用。IEEE BDGMM的工作是指导开展大数据治理和大数据交换工作，使大数据消费者能更好地了解和访问可用数据，帮助大数据生产者正确设定期望值并确保按照期望值维护和共享数据集，帮助拥有大数据的组织做出如何存储、策划、提供和治理大数据的决策，以便更好地服务于大数据消费者和生产者。[①]

NIST是美国国家标准与技术研究院，直属美国商务部，是最早进行大数据标准化研究的机构之一，主要对大数据的发展、应用及标准化进行研究，在国际上享有很高的声誉。2012年6月，NIST启动了大数据相关基本概念、技术和标准需求的研究。2013年5月，NIST成立了NIST大数据公开工作组（NBG—PWG），其工作范围是建立来自产业界、学术界和政府的公共环境，形成了共识的定义、术语、参考架构、安全与隐私、技术路线，提出数据分析技术应满足的互操作、可移植性、可用性和扩展性需求，安全有效地支持大数

---

① 内容基于全国信标委《大数据标准化白皮书（2020年）》整理而得。

据应用的技术基础设施。[①]2015年9月，NIST编写形成并发布NIST SP 1500《NIST大数据互操作框架（NBDIF）》系列标准（第一版），该系列包括7个分册，即NIST SP 1500-1《第1册 定义》、NIST SP 1500-2《第2册 大数据分类法》、NIST SP 1500-3《第3册 用例和一般要求》、NIST SP 1500-4《第4册 安全和隐私保护》、NIST SP 1500-5《第5册 架构调研白皮书》、NIST SP 1500-6《第6册 参考架构》和NIST SP 1500-7《第7册 标准路线图》，构建了一个具有较强参考性与适用性的大数据概念框架，着重体现了大数据范式的前后变化并鼓励挖掘大数据应用的可能性。2019年，NIST发布了新版大数据互操作框架NBDIF（SP 1500），该框架的安全与隐私篇根据密码技术所支持的功能，以及它们实施的数据可见性对密码技术进行分类。

2.2   国家现状

2.2.1   国内政策

近年来，随着大数据技术发展，国家及各级地方政府逐渐认识到数字化、信息化是经济社会发展的重要驱动力，大数据成为推动经济高质量发展的重要生产要素。

2.2.1.1   大数据政策法规

党中央、国务院高度重视大数据在推进经济社会发展中的地位和作用。早在2012年，国家发改委就印发了《"十二五"国家政务

---

① 张群，吴东亚，赵菁华.大数据标准体系［J］.大数据，2017，3（4）：11-19.

信息化建设工程规划》（发改高技〔2012〕1202号），并提出了建设人口、法人、空间、宏观经济和文化等五大资源库的五大建设工程，这标志着我国构建开放、共享和智能的大数据时代已经来临。

2014年2月27日，由习近平总书记任组长的中央网络安全和信息化领导小组宣告成立。习近平总书记指出，没有网络安全就没有国家安全，没有信息化就没有现代化。

2015年8月，国务院印发了《促进大数据发展行动纲要》（国发〔2015〕50号），在大数据技术应用推广初期，基于大数据技术应用带来的新机遇，对大数据发展的方向和框架进行了顶层设计。文件指出，要加强顶层设计和统筹协调，大力推动政府信息系统和公共数据互联开放共享，加快政府信息平台整合，消除信息孤岛，推进数据资源向社会开放，增强政府公信力，引导社会发展，服务公众企业；以企业为主体，营造宽松公平环境，加大大数据关键技术研发、产业发展和人才培养力度，着力推进数据汇集和发掘，深化大数据在各行业创新应用，促进大数据产业健康发展；完善法规制度和标准体系，科学规范利用大数据，切实保障数据安全。

2016年12月，工信部印发了《大数据产业发展规划（2016—2020年）》（工信部规〔2016〕412号）（以下简称《规划》），全面部署"十三五"时期大数据产业发展工作，加快建设数据强国，为实现制造强国和网络强国提供强大的产业支撑。《规划》以大数据产业发展中的关键问题为出发点和落脚点，以强化大数据产业创新发展能力为核心，以推动促进数据开放与共享、加强技术产品研发、深化应用创新为重点，以完善发展环境和提升安全保障能力为支撑，打造数据、技术、应用与安全协同发展的自主产业生态体系，全面提升我国大数据的资源掌控能力、技术支撑能力和价值挖掘能力。2021年11月，工信部发布《"十四五"大数据产业发展规划》（工信部规〔2021〕179号），更为旗帜鲜明地提出，以释放数据要素价值为导向，围绕夯实产业发展基础，着力推动数据资源高质量、技术创新高水平、基础设施高效能，围绕构建稳定高效产业链，着力提升产业供给能力和行业赋能效应，统筹发展和安全，培育自主可控和开放合作的产业生态，打造数字经济发展新优势，为建设制造强国、网络强国、数字强国提供有力支撑。

2018年7月，国务院发布了《关于加快推进全国一体化在线政务服务平台建设的指导意见》（国发〔2018〕27号）。文件指出，要通过加快建设全国一体化在线政务服务平台，推进各地区各部门标准化建设，同时要统一政府部门数据共享，促进政务服务跨地区、跨部门、跨层级数据共享和业务协同。

2020年3月，中共中央、国务院发布了《关于构建更加完善的要素市场化配置体制机制的意见》（中发〔2020〕9号）（以下简称《意见》），首次将"数据"与土地、劳动力、资本、技术并称为五种生产要素，并提出要"加快培育数据要素市场"。《意见》强调，完善要素市场化配置是建设统一开放、竞争有序市场体系的内在要求，是坚持和完善社会主义基本经济制度、加快完善社会主义市场经济体制的重要内容，加快培育数据要素市场要以推进政府数据开放共享、提升社会数据资源价值、加强数据资源整合和安全保护三方面为着力点，充分释放数据要素价值。

2021年6月，《中华人民共和国数据安全法》正式颁布，并于2021年9月1日起正式实施。这是我国首部数据安全领域的基础性立法，明确了对"数据"的规制原则。该部法律体现了总体国家安全观的立法目标，聚焦数据安全领域的突出问题，确立了数据分类分级管理，建立了数据安全风险评估、监测预警、应急处置，数据安全审查等基本制度，并明确了相关主体的数据安全保护义务。

2022年6月，国务院发布了《关于加强数字政府建设的指导意见》（国发〔2022〕14号）。文件指出，将数字技术广泛应用于政府管理服务，推进政府治理流程优化、模式创新和履职能力提升，构建数字化、智能化的政府运行新形态，充分发挥数字政府建设对数字经济、数字社会、数字生态的引领作用，促进经济社会高质量发展，不断增强人民群众获得感、幸福感、安全感，为推进国家治理体系和治理能力现代化提供有力支撑。

2022年12月，中共中央、国务院发布了《关于构建数据基础制度　更好发挥数据要素作用的意见》（中发〔2022〕32号）。文件指出，以维护国家数据安全、保护个人信息和商业秘密为前提，以促进数据合规高效流通使用、赋能实体经济为主线，以数据产权、流通交易、收益分配、安全治理为重点，深入参与国际高标准数字规则制定，构建适应数据特征、符合数字经济发展规律、保障国家数据安全、彰显创新引领的数据基础制度，充分实现数据要素价值、促进全体人民共享数字经济发展红利，为深化创新驱动、推动高质量发展、推进国家治理体系和治理能力现代化提供有力支撑。

2023年2月27日，中共中央、国务院印发了《数字中国建设整体布局规划》。文件明确了有关数据要素的全方位管理体系和管理制度，并指出目前数据要素市场改革存在产权不清晰、交易不规范、数据共享难、数据开放不利等相关问题。有了统一的管理体系，有利于数据要素市场的开发，数据价值化会走进快车道，同时结合2022年出台的"数据二十条"，基本上奠定了未来数据产业发展的基础。表2-4为国家大数据相关政策法规（部分）。

表2-4　国家大数据相关政策法规（部分）

序号	政策名称	出台时间
1	《关于运用大数据加强对市场主体服务和监管的若干意见》	2015/6/24
2	《关于积极推进"互联网＋"行动的指导意见》	2015/7/4
3	《促进大数据发展行动纲要》	2015/8/31
4	《关于建立完善守信联合激励和失信联合惩戒制度加快推进社会诚信建设的指导意见》	2016/5/30
5	《国家信息化发展战略纲要》	2016/7/27

续表

序号	政策名称	出台时间
6	《政务信息资源共享管理暂行办法》	2016/9/5
7	《关于加快推进"互联网＋政务服务"工作的指导意见》	2016/9/25
8	《中华人民共和国网络安全法》	2016/11/7
9	《大数据产业发展规划（2016—2020年）》	2016/12/18
10	《关于加强政务诚信建设的指导意见》	2016/12/22
11	《政务信息系统整合共享实施方案》	2017/5/3
12	《政府网站发展指引》	2017/5/15
13	《"十三五"国家政务信息化工程建设规划》	2017/7/31
14	《公共信息资源开放试点工作方案》	2018/1/5
15	《关于深入推进审批服务便民化的指导意见》	2018/5/23
16	《进一步深化"互联网＋政务服务"推进政务服务"一网、一门、一次"改革实施方案》	2018/6/10
17	《关于加快推进全国一体化在线政务服务平台建设的指导意见》	2018/7/31
18	《关于推进政务新媒体健康有序发展的意见》	2018/12/7
19	《关于加强绿色数据中心建设的指导意见》	2019/1/21
20	《政府信息公开条例》	2019/4/3
21	《政府投资条例》	2019/4/14
22	《关于在线政务服务的若干规定》	2019/4/26
23	《数字乡村发展战略纲要》	2019/5/17
24	《云计算服务安全评估办法》	2019/7/2
25	《关于加快推进社会信用体系建设构建以信用为基础的新型监管机制的指导意见》	2019/7/9
26	《优化营商环境条例》	2019/10/23
27	《中华人民共和国密码法》	2019/10/26

序号	政策名称	出台时间
28	《关于坚持和完善中国特色社会主义制度推进国家治理体系和治理能力现代化若干重大问题的决定》	2019/11/5
29	《国家政务信息化项目建设管理办法》	2019/12/30
30	《数字农业农村发展规划（2019—2025年）》	2020/1/20
31	《工业数据分类分级指南（试行）》	2020/2/27
32	《关于构建更加完善的要素市场化配置体制机制的意见》	2020/3/30
33	《关于工业大数据发展的指导意见》	2020/4/28
34	《关于新时代加快完善社会主义市场经济体制的意见》	2020/5/11
35	《关于加快构建全国一体化大数据中心协同创新体系的指导意见》	2020/12/23
36	《关于组织开展2021年大数据产业发展试点示范项目申报工作的通知》	2021/1/25
37	《建设高标准市场体系行动方案》	2021/1/31
38	《关于深化"证照分离"改革进一步激发市场主体发展活力的通知》	2021/5/19
39	《全国一体化大数据中心协同创新体系算力枢纽实施方案》	2021/5/26
40	《关于加快推动区块链技术应用和产业发展的指导意见》	2021/5/27
41	《中华人民共和国数据安全法》	2021/6/10
42	《关键信息基础设施安全保护条例》	2021/7/30
43	《中华人民共和国个人信息保护法》	2021/8/20
44	《国家标准化发展纲要》	2021/10/1
45	《提升全民数字素养与技能行动纲要》	2021/11/5
46	《"十四五"大数据产业发展规划》	2021/11/30
47	《"十四五"数字经济发展规划》	2021/12/12
48	《要素市场化配置综合改革试点总体方案》	2021/12/21
49	《数字乡村发展行动计划（2022—2025年）》	2022/1/17
50	《关于推动平台经济规范健康持续发展的若干意见》	2022/1/19

序号	政策名称	出台时间
51	《关于加快推进政务服务标准化规范化便利化的指导意见》	2022/3/1
52	《关于加快建设全国统一大市场的意见》	2022/3/25
53	《关于加强数字政府建设的指导意见》	2022/6/23
54	《全国一体化政务大数据体系建设指南》	2022/9/13
55	《关于构建数据基础制度更好发挥数据要素作用的意见》	2022/12/2
56	《扩大内需战略规划纲要（2022—2035年）》	2022/12/14
57	《工业和信息化领域数据安全管理办法（试行）》	2022/12/14
58	《数字中国建设整体布局规划》	2023/2/27

2.2.1.2 大数据标准化建设政策法规

近年来，我国高度重视大数据标准化建设，不仅已出台的大数据发展相关文件中，无一例外地提出加强大数据标准化建设，在构建国民经济长期发展格局、奠定未来经济发展基础的重大文件中，也提到了推动大数据标准化建设。在文件精神的指导下，我国大数据标准化建设初步呈现出"国标、地标定底线，团标促提升"的新格局。

2021年10月，中共中央、国务院出台了《国家标准化发展纲要》（以下简称《纲要》），这是未来标准化发展的纲领性文件，也是我们开展标准化建设的方向。《纲要》将大数据标准作为关键技术领域标准，并明确指出，加强关键技术领域标准研究，在大数据等应用前景广阔的技术领域，同时部署技术研发、标准研制与产业推广；筑牢产业发展基础，开展数据库等方面标准攻关；建立健全大数据与产业融合标准，推进数字产业化和产业数字化；建立数据资源产权、交易流通、跨境传输和安全保护等标准规范，推动平台经济、共享经济标准化建设，支撑数字经济发展。《纲要》重视数据安全标准建设并指出，强化信用信息采集与使用、数据安全和个人信息保护、网络安全保障体系和能力建设等领域标准的制定实施；加强公共安全标准化工作，加强重大工程和各类基础设施的数据共享标准建设。

2021年12月，国务院印发了《"十四五"数字经济发展规划》（国发〔2021〕29号）。文件指出，强化高质量数据要素供给，推动数据资源标准体系建设，提升数据管理水平和数据质量，探索面向业务应用的共享、交换、协作和开放；提高"互联网+政务服务"效能，加快推进政务服务标准化、规范化、便利化；研究推进数据安全标准体系建设，规范数据采集、传输、存储、处理、共享、销毁全生命周期管理；研究制定符合我国国情的数字经济相关标准和治理规则，开展数字经济标准国际协调和数字经济治理合作。

2022年3月，国务院发布了《关于加快推进政务服务标准化规范化便利化的指导意见》（国发〔2022〕5号）。文件就"推进政务服务标准化"提出三点指导意见：一是推进政务服务事项标准化，明确政务服务事项范围，建立国家政务服务事项基本目录审核制度，建立健全政务服务事项动态管理机制；二是推进政务服务事项实施清单标准化；三是健全政务服务标准体系，持续完善全国一体化政务服务平台标准规范体系，建立标准研制、试点验证、审查发布、推广实施、效果评估和监督保障等闭环运行机制。

2022年3月，国家标准化管理委员会等十七部门联合印发了《关于促进团体标准规范优质发展的意见》（国标委联〔2022〕6号）。文件针对我国团体标准发展仍处于初级阶段，其发展还不平衡、不充分，存在标准定位不准、水平不高、管理不规范等问题，提出提升团体标准组织标准化工作能力、建立以需求为导向的团体标准制定模式、开展团体标准化良好行为评价、实施团体标准培优计划、促进团体标准开放合作、完善团体标准发展激励政策等意见以加强规范和引导。

2022年4月，中共中央、国务院发布了《关于加快建设全国统一大市场的意见》，从全局和战略高度为今后一个时期建设全国统一大市场提供了行动纲领。文件指出，推进商品和服务市场高水平统一，强化标准验证、实施、监督，健全现代流通、大数据、人工智能、区块链、第五代移动通信（5G）、物联网、储能等领域标准体系。

2022年4月，中央网信办、农业农村部、国家发展改革委、工业和信息化部、国家乡村振兴局联合印发了《2022年数字乡村发展工作要点》。文件提出，研究制定数字乡村发展评价指标体系，开展数字乡村发展评价工作；印发实施《数字乡村标准体系建设指南》，加强数字乡村标准化建设；持续完善数字乡村建设指南。

2022年6月，国务院发布了《关于加强数字政府建设的指导意见》（国发〔2022〕14号）。文件指出，建立健全数据治理制度和标准体系，构建科学规范的数字政府建设制度规则体系，健全标准规范，推进数据开发利用、系统整合共享、共性办公应用、关键政务应用等标准制定，持续完善已有关键标准，推动构建多维标准规范体系；加大数字政府标准推广执行力度，建立评估验证机制，提升应用水平，以标准化促进数字政府建设规范化；研究设立全国数字政府标准化技术组织，统筹推进数字政府标准化工作。

2022年9月，国务院办公厅印发了《全国一体化政务大数据体系建设指南》（国办函〔2022〕102号）。文件明确了全国一体化政务大数据体系建设的目标任务、总体框架、主要内容和保障措施，指出了要坚持系统观念、统筹推进，坚持继承发展、迭代升级，坚持需求导向、应用牵引，坚持创新驱动、提质增效，坚持整体协同、安全可控的建设原则，重点从统筹管理一体化、数据目录一体化、数据资源一体化、共享交换一体化、数据服务一体化、算力设施一体化、标准规范一体化、安全保障一体化等八个方面组织构建全国一体化政务大数据体系，提出了政务数据标准规范一体化、安全保障一体化是政务大数据体系高质量建设和数据安全的关键保障。

2022年12月，中共中央、国务院发布了《关于构建数据基础制度更好发挥数据要素作用的意见》（中发〔2022〕32号），从数据产权、流通交易、收益分配、安全治理等方面构建数据基础制度，并提出了20条政策举措，其中有8条内容涉及大数据标准化，包括支持企业加强数据采集和质量评估标准制定、以出台标准来完善数据全流程合规、通过数据商支持标准化服务、促进提高数据交易效率等。"数据二十条"的出台，将充分发挥我国海量数据规模和丰富应用场景优势，激活数据要素潜能，做强做优做大数字经济，增强经济发展新动能。

2.2.2　国家标准化组织

大数据领域的标准化工作是支撑大数据产业发展和应用的重要基础。为了推动和规范我国大数据产业快速发展，建立大数据产业链，与国际标准接轨，在工业和信息化部、国家标准化管理委员会的领导下，国家标准化组织接连成立。

2.2.2.1　全国信标委大数据标准工作组

全国信标委大数据标准工作组（以下简称大数据标准工作组）于2014年12月2日正式成立，主要负责制定和完善我国大数据领域标准体系，组织开展大数据相关技术和标准的研究，申报国家、行业标准，承担国家、行业标准制修订计划任务，宣传、推广标准实施，组织推动国际标准化活动等工作，对口ISO/IEC JTC 1/SC 42/WG 2（原 ISO/IEC JTC 1/WG 9）大数据工作组工作，秘书处设在中国电子技术标准化研究院。

基于大数据产业实际发展现状，为了更好地完善数据标准体系，增强对产业的支撑能力，开展大数据标准化工作，2021年1月，大数据标准工作组在第四届专题组组长第二次组长会议上进行了专题组的变更、成立，下设总体专题组、技术专题组、产品与平台专题组、大数据服务专题组、大数据治理专题组、公共数据开发利用专题组、工业大数据行业组、电力大数据行业组、生态环境大数据行业组、企业数字化转型专题组、矿山大数据专题组、"长三角"数据共享开放区域组、数据库专题组、网络空间大数据专题组等14个专题组，负责大数据领域不同方向的标准化工作。大数据标准工作组目前已发布国家标准35项，在研14项，详见表2-5。

表2-5 大数据标准工作组标准研制情况

序号	标准号	标准名称	状态
1	GB/T 34945—2017	信息技术 数据溯源描述模型	发布
2	GB/T 34952—2017	多媒体数据语义描述要求	发布
3	GB/T 35294—2017	信息技术 科学数据引用	发布
4	GB/T 35295—2017	信息技术 大数据 术语	发布
5	GB/T 35589—2017	信息技术 大数据 技术参考模型	发布
6	GB/T 36073—2018	数据管理能力成熟度评估模型	发布
7	GB/T 36343—2018	信息技术 数据交易服务平台 交易数据描述	发布
8	GB/T 36344—2018	信息技术 数据质量评价指标	发布
9	GB/T 36345—2018	信息技术 通用数据导入接口	发布
10	GB/T 37728—2019	信息技术 数据交易服务平台 通用功能要求	发布
11	GB/T 37721—2019	信息技术 大数据分析系统功能要求	发布
12	GB/T 37722—2019	信息技术 大数据存储与处理系统功能要求	发布

续表

序号	标准号	标准名称	状态
13	GB/T 38555—2020	信息技术　大数据　工业产品核心元数据	发布
14	GB/T 38633—2020	信息技术　大数据　系统运维和管理功能要求	发布
15	GB/T 38643—2020	信息技术　大数据　分析系统功能测试要求	发布
16	GB/T 38664.1—2020	信息技术　大数据　政务数据开放共享　第1部分：总则	发布
17	GB/T 38664.2—2020	信息技术　大数据　政务数据开放共享　第2部分：基本要求	发布
18	GB/T 38664.3—2020	信息技术　大数据　政务数据开放共享　第3部分：开放程度评价	发布
19	GB/T 38664.4—2022	信息技术　大数据　政务数据开放共享　第4部分：共享评价	发布
20	GB/T 38666—2020	信息技术　大数据　工业应用参考架构	发布
21	GB/T 38667—2020	信息技术　大数据　数据分类指南	发布
22	GB/T 38670—2020	智能制造　射频识别系统　标签数据格式	发布
23	GB/T 38672—2020	信息技术　大数据　接口基本要求	发布
24	GB/T 38673—2020	信息技术　大数据　大数据系统基本要求	发布
25	GB/T 38675—2020	信息技术　大数据计算系统通用要求	发布
26	GB/T 38676—2020	信息技术　大数据　存储与处理系统功能测试要求	发布
27	GB/T 40693—2021	智能制造　工业云服务　数据管理通用要求	发布
28	GB/T 41778—2022	信息技术　工业大数据　术语	发布
29	GB/T 41818—2022	信息技术　大数据　面向分析的数据存储与检索技术要求	发布
30	GB/T 42029—2022	智能制造　工业数据空间参考模型	发布
31	GB/T 42127—2022	智能制造　工业数据　采集规范	发布

序号	标准号	标准名称	状态
32	GB/T 42128—2022	智能制造 工业数据 分类原则	发布
33	GB/T 42129—2022	数据管理能力成熟度评估方法	发布
34	GB/T 42135—2022	智能制造 多模态数据融合技术要求	发布
35	GB/T 42203—2022	智能制造 工业数据 云端适配规范	发布
36	20174084—T—469	信息技术 自动识别和数据采集技术 数据载体标识符	报批
37	20182303—T—339	信息技术 自动识别与数据采集技术 大容量自动数据采集（ADC）媒体语法	报批
38	20193178—T—469	信息技术服务 数据中心业务连续性等级评价准则	报批
39	20194186—T—469	信息技术 大数据 数据资源规划	报批
40	20202907—T—469	信息技术 云数据存储和管理 基于对象的云存储应用接口测试要求	征求意见
41	20213296—T—469	信息技术 大数据 批流融合计算技术要求	草案
42	20213297—T—469	城市数据治理能力成熟度模型	草案
43	20213308—T—469	信息技术 大数据 数据治理实施指南	征求意见
44	20214285—T—469	信息技术 大数据 数据资产价值评估	征求意见
45	20220415—T—469	信息技术 大数据 大数据服务能力评估 第1部分：评估模型	草案
46	20220598—T—469	信息技术 生态环境大数据 数据分类与代码	草案
47	20220601—T—469	信息技术 生态环境大数据 系统框架	草案
48	20221392—T—469	信息技术服务 数据中心服务能力成熟度模型	草案
49	20221451—T—469	大数据 图数据库系统技术要求	草案

注：本表标准发布时间截至2023年2月28日，下同（表3-2和表4-1除外）。

在国际上，大数据标准工作组积极研究和参与大数据领域国际标准化工作，全面参与 ISO/IEC JTC 1/SC 32、ISO/IEC JTC 1/SC 42的相关研究工作。此外，大数据标准工作组不仅重点关注ITU-T，还对NIST、IEEE BDGMM等国际大数据公共工作组的动态进行研究和跟踪。

2.2.2.2　全国信息安全标准化技术委员会大数据安全标准特别工作组

全国信息安全标准化技术委员会大数据安全标准特别工作组SWG-BDS（以下简称大数据安全标准特别工作组）成立于2016年4月，定位新技术安全标准化，包括数据安全、智慧城市安全、人工智能安全以及云计算安全等领域，对口ISO/IEC JTC1/SC27（信息安全、网络安全和隐私保护分技术委员会）WG4、WG5工作组工作。大数据安全标准特别工作组目前已发布标准33项，在研11项，详见表2-6。

表2-6　大数据安全标准特别工作组大数据领域标准研制情况

序号	标准号	标准名称	状态
1	GB/Z 28828—2012	信息安全技术　公共及商用服务信息系统个人信息保护指南	发布
2	GB/T 31167—2014	信息安全技术　云计算服务安全指南	发布
3	GB/T 31168—2014	信息安全技术　云计算服务安全能力要求	发布
4	GB/T 34942—2017	信息安全技术　云计算服务安全能力评估方法	发布
5	GB/T 35273—2020	信息安全技术　个人信息安全规范	发布
6	GB/T 35274—2017	信息安全技术　大数据服务安全能力要求	发布
7	GB/T 35279—2017	信息安全技术　云计算安全参考架构	发布
8	GB/T 37964—2019	信息安全技术　个人信息去标识化指南	发布

序号	标准号	标准名称	状态
9	GB/T 37973—2019	信息安全技术　大数据安全管理指南	发布
10	GB/T 37988—2019	信息安全技术　数据安全能力成熟度模型	发布
11	GB/T 37932—2019	信息安全技术　数据交易服务安全要求	发布
12	GB/T 37950—2019	信息安全技术　桌面云安全技术要求	发布
13	GB/T 37956—2019	信息安全技术　网站安全云防护平台技术要求	发布
14	GB/T 37971—2019	信息安全技术　智慧城市安全体系框架	发布
15	GB/T 37972—2019	信息安全技术　云计算服务运行监管框架	发布
16	GB/T 38249—2019	信息安全技术　政府网站云计算服务安全指南	发布
17	GB/Z 38649 2020	信息安全技术　智慧城市建设信息安全保障指南	发布
18	GB/T 39335—2020	信息安全技术　个人信息安全影响评估指南	发布
19	GB/T 39477—2020	信息安全技术　政务信息共享　数据安全技术要求	发布
20	GB/T 39725—2020	信息安全技术　健康医疗数据安全指南	发布
21	GB/T 41391—2022	信息安全技术　移动互联网应用程序（App）收集个人信息基本要求	发布
22	GB/T 41773—2022	信息安全技术　步态识别数据安全要求	发布
23	GB/T 41806—2022	信息安全技术　基因识别数据安全要求	发布
24	GB/T 41807—2022	信息安全技术　声纹识别数据安全要求	发布
25	GB/T 41817—2022	信息安全技术　个人信息安全工程指南	发布
26	GB/T 41819—2022	信息安全技术　人脸识别数据安全要求	发布
27	GB/T 41871—2022	信息安全技术　汽车数据处理安全要求	发布
28	GB/T 42012—2022	信息安全技术　即时通信服务数据安全要求	发布
29	GB/T 42013—2022	信息安全技术　快递物流服务数据安全要求	发布

序号	标准号	标准名称	状态
30	GB/T 42014—2022	信息安全技术　网上购物服务数据安全要求	发布
31	GB/T 42015—2022	信息安全技术　网络支付服务数据安全要求	发布
32	GB/T 42016—2022	信息安全技术　信息安全技术　网络音视频服务数据安全要求	发布
33	GB/T 42017—2022	信息安全技术　网络预约汽车服务数据安全要求	发布
34	—	信息安全技术　个人信息去标识化效果评估指南	待审批
35	—	信息安全技术　区块链技术安全框架	待审批
36	—	信息安全技术　区块链信息服务安全规范	待审批
37	—	信息安全技术　移动互联网应用程序（App）个人信息安全测评规范	待审批
38	—	信息安全技术　移动互联网应用程序（App）生命周期安全管理指南	待审批
39	—	信息安全技术　机器学习算法安全评估规范	待审批
40	20173853—T—469	信息安全技术　数据出境安全评估指南	草案
41	20210999—T—469	信息安全技术　移动互联网应用程序（App）软件开发工具包（SDK）安全要求	送审稿
42	20220783—T—469	信息安全技术　移动智能终端的移动互联网应用程序（App）个人信息处理活动管理指南	征求意见
43	20220784—T—469	信息安全技术　应用商店的移动互联网应用程序（App）个人信息处理规范性审核与管理指南	征求意见
44	20220787—T—469	信息安全技术　数据分类分级要求	送审稿

　　大数据安全标准特别工作组积极研究和参与大数据领域国际标准化工作，全面参与ISO/IEC JTC1/SC27（信息安全、网络安全和隐私保护分技术委员会）WG4、WG5相关研究工作，其中我国主导的标准包括：ISO/IEC 20547 4：2020《大数据参考架构　第4部分：安

全与隐私保护》、ISO/IEC 27045《大数据安全与隐私保护过程》、ISO/IEC 27403《物联网安全与隐私保护 家庭物联网指南》、ISO/IEC 27046《大数据安全与隐私保护实现指南》、ISO/IEC 24392《工业互联网平台安全参考模型SRMIIP》等。

2.2.2.3 网络与信息安全技术工作委员会

网络与信息安全技术工作委员会（简称TC8），对口国际电信联盟第十七工作组（简称ITU-T SG17）。2002年11月21日，信息产业部科技司批准成立了"通信安全标准研究组"。2003年6月，经信息产业部科技司、电信管理局、中国通信标准化协会的有关领导研究决定，将原定名"通信信息安全技术工作委员会"改为"网络与信息安全技术工作委员会"。研究范围为信息通信网络与数据安全、融合新兴技术和业务安全等。TC8下设五个工作组和两个任务组，即安全基础及产业支撑工作组（WG1）、网络安全工作组（WG2）、数据安全工作组（WG3）、新兴技术和业务安全工作组（WG4）、防范治理电信网络诈骗工作组（WG5）、网络空间安全仿真任务组（TF1）和车联网安全任务组（TF2）。

2.2.2.4 大数据技术标准推进委员会

大数据技术标准推进委员会（简称TC601），对口国际电信联盟第十六工作组（简称ITU-T SG16），主要围绕大数据产业发展关键问题，开展大数据技术产品、数据资产管理与流通、大数据行业应用方面的标准预研，宗旨是凝聚产业链各个环节，识别和解决大数据发展面临的重大问题，以标准推进工作为纽带，搭建行业交流平台，推动大数据与实体经济深度融合。TC601下设八个工作组，即大数据技术与产品工作组（WG1）、数据资产管理工作组（WG2）、数据流通工作组（WG3）、数据库工作组（WG4）、电信大数据工作组（WG5）、政务大数据工作组（WG6）、大数据行业应用工作组（WG7）和大数据安全工作组（WG8）。其中，WG2专门从事数据资产管理方面的标准化研究工作，已发布了《数据资产管理实践白皮书（3.0）》。TC601在2018年提出了ITU-T F.743.20 "大数据基础设施评测框架"和ITU-T F.743.21 "数据资产管理框架"两项国际标准，已于2020年发布实施。

2.3 其他省（市）现状

2.3.1 政策现状

标准化是大数据流通和应用的基础和前提，是整个大数据发展的重要组成部分。围绕国家大数据标准化战略，各省（区、市）也相继出台了大数据标准相关政策规划，积极推动当地大数据标准化发展，央地协同、区域联动的大数据发展推进体系逐步形成。

2016年1月，贵州省第十二届人民代表大会常务委员会第二十次会议通过了《贵州省大数据发展应用促进条例》（以下简称《条例》），这是我国首部大数据地方法规，将大数据产业纳入法治轨道，共6章39条，包括大数据发展应用、共享开放、安全管理等内容。《条例》紧扣贵州大数据应用的现实需求和发展趋势，对数据采集、数据共享开发、数据权属、数据交易、数据安全以及"云上贵州"等基本问题作出了宣示性、原则性、概括性和指引性规定。《条例》提出，积极开展大数据发展应用相关标准研究，推动建立地方、行业大数据发展应用标准体系。

2016年2月，浙江省在全国第一个以省政府名义出台了《浙江省促进大数据发展实施计划》，正式启动实施"数据强省"战略，提出把浙江省打造成全国大数据产业中心，大力推动大数据发展和运用，推动经济转型升级、完善社会治理、提升政府服务和管理能力。文件指出，要推进数据实现自动化采集、网络化传输、标准化处理和可视化运用，提高数据的真实性、准确性、即时性和关联性，并计划到2020年底，适应大数据发展需要的地方性法规和政策体系，标准规范基本完善，各级政府数据实现集中管理，政府数据依法依规全面共享和开放。

2018年7月，广东省发布了《广东省大数据标准体系规划与路线图（2018—2020）》，根据国内外大数据标准现状、技术发展与应用概况，在深入调研广东省大数据标准化需求和产业发展基础上，针对大数据产业发展中存在的技术、产品、市场、应用等标准化问题，结合大数据产业发展特点，分别从标准化研究、平台建设、关键标准制修订、政策措施、人才培养等5个方面，规划出2018—2020年广东省大数据标准化发展路线图，引导广东省大数据标准化进程和产业健康发展。

2021年6月，山东省市场监督管理局会同山东省大数据局发布《关于促进标准化大数据发展的指导意见》，这是全国第一个大数据标准化指导意见的文件。该文件明确，加快标准化数据汇聚，构建覆盖标准化政策数据、文本数据、应用数据、监督数据、人才数据的标准化大数据；创新标准化数据采集模式，提出标准化数据采集清单，加强与各级各类标准信息平台对接，打通各类标准化数据联通渠道；建立标准文本数据标识系统，编制标准化大数据类别资源目录，完善标准文本数据标识系统设计，打造"标准数据字典"；打造标准化大数据主题库，打造标准化领域主题信息资源库，细化设立标准化政策、文本、服务、人才等子数据库，形成"标准化大数据湖"。

2021年11月，上海市第十五届人大常委会第三十七次会议表决通过了《上海市数据条例》（以下简称《条例》）。《条例》全文共10章91条，分为总则、数据权益保障、公共数据、数据要素市场、数据资源开发和应用、浦东新区数据改革、长三角区域数据合作、数据安全、法律责任和附则。《条例》是上海数据领域的综合性、基础性法规，其中有9款内容涉及标准研究制定。

2021年12月，江苏省省政府第九十五次常务会议审议通过《江苏省公共数据管理办法》。该文件立足规范公共数据管理的全流程、构建全域数字化发展的公共数据底座，将建立健全大数据管理与服务体系的制度保障，对于规范江苏省公共数据管理、保障公共数据安全、推动数字政府建设和数字经济发展、提升政府治理能力和公共服务水平具有重要意义。文件提出，建立公共数据质量等标准体系，推动建立公共数据区域一体化标准体系。

2022年10月，中共北京市委、北京市人民政府发布了《首都标准化发展纲要2035》，明确到2025年，北京市标准化服务"四个中心"功能建设的能力充分提升，以标准化助力首都经济社会高质量发展的作用更加显著；到2035年，标准化全面服务"四个中心"功能建设。标准化在推进首都治理体系和治理能力现代化中的基础性、引领性作用得到充分体现，科技标准创新、治理标准示范、生态标准引领和标准化领域国际交往活跃的目标全面实现。

此外，其他各省（区、市）也积极制定大数据发展政策（见表2-7），以推动大数据标准化发展。从整体来看，这些先行省（区、市）通过发布出台大数据、数字化标准体系及政策规划，在很大程度上指导了本地区一定阶段的标准制修订战略思路和方向，系统梳理了工作边界，为数字化转型提供了强有力的技术支撑。

表2-7　部分省（区、市）出台的大数据标准化相关政策法规

省（区、市）	文件名称	发布时间
北京市	《北京市大数据和云计算发展行动计划（2016—2020年）》	2016/8/1
	《北京市公共数据管理办法》	2019/5/6
	《北京市关于通过公共数据开放促进人工智能产业发展的工作方案》	2019/12/4
	《北京市促进数字经济创新发展行动纲要（2020—2022年）》	2020/9/22
	《北京市经济和信息化局推进国家服务业扩大开放综合示范区和中国（北京）自由贸易试验区建设工作方案》	2020/12/31
	《数字经济领域"两区"建设工作方案》	2021/2/18
	《北京市关于加快建设全球数字经济标杆城市的实施方案》	2021/7/30
	《北京城市副中心推进数字经济标杆城市建设行动方案（2022—2024年）》	2022/1/29
	《北京市数字经济全产业链开放发展行动方案》	2022/5/30
	《首都标准化发展纲要2035》	2022/10/1
天津市	《天津市推进京津冀大数据综合试验区建设实施方案》	2017/6/12
	《天津市加快数字化发展三年行动方案（2021—2023年）》	2021/8/1
	《天津市智慧城市建设"十四五"规划》	2021/12/28
	《天津市构建高标准市场体系若干措施》	2022/3/25
	《天津市贯彻落实"十四五"市场监管现代化规划实施方案》	2022/8/10
河北省	《关于加快推进新型智慧城市建设的指导意见》	2019/2/1
	《河北省一体化政务大数据体系建设若干措施》	2023/1/1
山西省	《关于印发山西省促进大数据发展应用若干政策的通知》	2017/3/1
	《关于印发山西省大数据发展规划（2017—2020年）的通知》	2017/3/1
	《山西省大数据发展应用促进条例》	2020/7/8
	《关于数字经济高质量发展的实施意见》	2022/7/4

省（区、市）	文件名称	发布时间
内蒙古自治区	《内蒙古自治区政务数据资源管理办法》	2021/9/11
辽宁省	《辽宁省大数据发展条例》	2022/5/31
吉林省	《吉林省促进大数据发展应用条例》	2020/11/27
黑龙江省	《黑龙江省大数据产业发展规划（2021—2025年）》	2021/12/29
	《黑龙江省"十四五"数字经济发展规划》	2022/3/28
	《黑龙江省促进大数据发展应用条例》	2022/5/13
	《黑龙江省人民政府关于加强数字政府建设的实施意见》	2022/9/30
上海市	《上海市大数据发展实施意见》	2016/9/1
	《关于全面推进城市数字化转型的意见》	2021/7/29
	《上海市数据条例》	2021/11/1
	《上海市数字经济发展"十四五"规划》	2022/6/12
江苏省	《江苏省大数据发展行动计划》	2016/8/1
	《江苏省政府办公厅关于深入推进数字经济发展的意见》	2020/10/8
	《江苏省"十四五"数字政府建设规划》	2021/9/16
	《江苏省"十四五"数字经济发展规划》	2021/9/16
	《江苏省公共数据管理办法》	2021/12/18
浙江省	《浙江省促进大数据发展实施计划》	2016/2/1
	《浙江省数字化转型标准化建设方案（2018—2020年）》	2018/8/1
	《浙江省公共数据开放与安全管理暂行办法》	2020/8/14
	《浙江省数字赋能促进新业态新模式发展行动计划（2020—2022年）》	2020/11/12
	《浙江省数字经济促进条例》	2020/12/24
	《浙江省数字经济发展"十四五"规划》	2021/6/16

省（区、市）	文件名称	发布时间
安徽省	《浙江省信息通信业发展"十四五"规划》	2021/7/27
	《浙江省公共数据条例》	2022/2/1
	《浙江省高质量推进数字经济发展2022年工作要点》	2022/3/21
	《合肥市政务数据资源共享开放管理办法》	2020/10/26
	《安徽省政务数据资源管理办法》	2020/12/30
	《安徽省大数据发展条例》	2021/3/26
福建省	《加快发展数字经济行动方案（2022—2024年）》	2022/9/13
	《福建省新型基础设施建设三年行动计划（2020—2022年）》	2020/8/14
	《国家数字经济创新发展试验区（福建）工作方案》	2021/3/12
	《福建省做大做强做优数字经济行动计划（2022—2025年）》	2022/4/8
	《福建省公共数据资源开放开发管理办法（试行）》	2022/7/20
	《福建省市场监督管理局关于做好加快建设全国统一大市场有关工作的函》	2022/7/22
江西省	《"智联江西"建设三年行动方案（2021—2023年）》	2021/5/10
	《江西省公共数据管理办法》	2022/1/12
	《江西省"十四五"数字经济发展规划》	2022/5/25
	《江西省数字政府建设三年行动计划（2022—2024年）》	2022/5/27
	《江西省"十四五"大数据产业发展规划》	2022/8/2
	《全省一体化政务大数据体系建设工作方案》	2023/2/1
山东省	《山东省人民政府关于促进大数据发展的意见》	2016/10/1
	《山东省推进工业大数据发展的实施方案（2020—2022年）》	2020/12/1
	《山东省关于促进标准化大数据发展的指导意见》	2021/10/1
	《山东省公共数据开放办法》	2022/1/1

省（区、市）	文件名称	发布时间
	《山东省制造业数字化转型行动方案（2022—2025年）》	2022/10/26
	《山东省人民政府关于加快推动平台经济规范健康持续发展的实施意见》	2022/10/28
	《济南市公共数据管理办法》	2020/9/30
河南省	《河南省数字政府建设总体规划（2020—2022年）实施方案》	2021/9/1
	《河南省政务数据安全管理暂行办法》	2022/5/7
	《河南省大数据产业发展行动计划（2022—2025年）》	2022/9/1
湖北省	《湖北省数字政府建设总体规划（2020—2022年）》	2020/6/1
	《湖北省政务数据资源应用与管理办法》	2021/2/20
	《湖北省数字经济发展"十四五"规划》	2021/10/1
	《湖北数字经济强省三年行动计划（2022—2024年）》	2022/9/13
	《武汉市公共数据资源管理办法》	2021/9/23
湖南省	《湖南省建设高标准市场体系实施方案》	2021/9/23
	《长沙市人民政府办公厅关于印发长沙市政务数据资源管理办法的通知》	2022/1/28
	《支持长沙市深化"放管服"改革和数字化转型的实施方案》	2022/8/16
广东省	《广东省大数据标准体系规划与路线图（2018—2020）》	2018/7/1
	《广东省建设国家数字经济创新发展试验区工作方案》	2020/11/3
	《广东省数字政府改革建设2021年工作要点》	2021/4/21
	《广东省人民政府关于加快数字化发展的意见》	2021/5/13
	《广东省首席数据官制度试点工作方案》	2021/5/14
	《广东省数据要素市场化配置改革行动方案》	2021/7/11
	《广东省公共数据管理办法》	2021/10/1

省（区、市）	文件名称	发布时间
广西壮族自治区	《广东省数字政府改革建设2022年工作要点》	2022/3/13
	《深圳经济特区数据条例》	2021/7/7
	《广西政务数据安全管理办法》	2020/12/1
	《关于建立健全政务数据共享协调机制加快推进数据有序共享的实施意见》	2022/1/1
	《广西加快数据要素市场化改革实施方案》	2022/2/22
	《2022年广西政务数据资源管理与应用改革评估指标》	2022/4/13
	《广西壮族自治区大数据发展条例》	2022/11/25
海南省	《海南省大数据开发应用条例》	2019/10/1
重庆市	《重庆市大数据标准化建设实施方案（2020—2022年）》	2021/1/1
	《重庆市数据治理"十四五"规划（2021—2025年）》	2021/12/29
	《重庆市数据条例》	2022/3/30
贵州省	《贵州省大数据发展应用促进条例》	2016/1/15
	《贵州省大数据标准化体系建设规划（2020—2022年）》	2020/6/1
	《贵州省大数据战略行动2022年工作要点》	2022/2/22
	《贵州省政府数据共享开放条例》	2022/4/6
	《贵州省"十四五"大数据电子信息产业发展规划》	2022/4/8
	《贵州省数据流通交易管理办法（试行）》	2022/12/1
云南省	《云南省数字经济发展三年行动方案（2022—2024年）》	2022/4/27
	《云南省"十四五"电子政务发展规划的通知》	2022/5/6
西藏自治区	《西藏自治区人民政府关于西藏自治区深化"互联网+先进制造业"发展工业互联网实施方案的通知》	2019/4/3

省（区、市）	文件名称	发布时间
陕西省	《加快推进数字经济产业发展实施方案（2021—2025年）》	2022/4/22
	《陕西省大数据条例》	2022/9/29
	《陕西省"十四五"数字经济发展规划》	2022/11/10
甘肃省	《甘肃省"上云用数赋智"行动方案（2020—2025年）》	2020/9/24
	《甘肃省"十四五"数字经济创新发展规划》	2021/9/26
	《甘肃省人民政府关于加强数字政府建设的意见》	2021/10/9
宁夏回族自治区	《宁夏回族自治区数字政府建设行动计划（2021—2023年）》	2021/3/16
	《宁夏回族自治区数字经济发展"十四五"规划》	2022/1/13
	《宁夏回族自治区公共资源交易高质量发展"十四五"规划》	2022/1/18
	《宁夏回族自治区数字政府建设行动计划（2021—2023年）》	2022/3/1
	《关于促进大数据产业发展应用的实施意见》	2022/3/16
新疆维吾尔自治区	《关于构建更加完善的要素市场化配置体制机制的实施意见》	2021/9/24

2.3.2　标准化组织

随着大数据产业蓬勃发展，全国各地成立了具有地方特色的大数据标准化技术委员会（见表2-8），加快开展大数据标准化工作，逐步形成一套安全统一、便捷高效、地方适用的大数据标准体系建设，以此指导本地标准研制和推广工作，支撑当地大数据产业发展。

表2-8　部分省级大数据标准化技术委员会情况

序号	标委会名称	秘书处单位	成立时间	省份
1	北京市信息化标准化技术委员会	北京软件和信息服务交易所有限公司	2009/8/13	北京市
2	安徽省信息技术标准化技术委员会	安徽省标准化研究院、中科院合肥物质科学研究所	2010/5/19	安徽省
3	福建省信息化标准化技术委员会	福建省经济信息中心、福建省空间信息工程研究中心	2011/11/7	福建省
4	贵州省大数据标准化技术委员会	贵州省机械电子产品质量监督检验院	2017/2/14	贵州省
5	广东省大数据标准化技术委员会	工业和信息化部电子第五研究所	2017/3/24	广东省
6	内蒙古自治区大数据与云计算标准化技术委员会	呼和浩特市中科院云计算中心智慧产业研究院	2017/4/27	内蒙古自治区
7	山西省网络安全和大数据信息技术标准化技术委员会	山西省网络安全和信息化学会	2017/8/17	山西省
8	江苏省软件和信息服务标准化技术委员会	江苏省电子信息产品质量监督检验研究院	2018/8/30	江苏省
9	山东省大数据标准化技术委员会	山东省计算中心	2019/1/31	山东省
10	陕西省信息技术标准化技术委员会	陕西省信息化工程研究院	2018/4/19	陕西省
11	浙江省电子信息技术标准化技术委员会	浙江省电子信息产品检验所	2019/10/15	浙江省
12	上海市公共数据标准化技术委员会	上海市大数据中心	2020/1/8	上海市
13	重庆市大数据标准化技术委员会	数字重庆公司	2021/2/3	重庆市
14	广东省数字政府标准化技术委员会	广东省标准化研究院	2021/1/19	广东省

序号	标委会名称	秘书处单位	成立时间	省份
15	云南省区块链和数字科技标准化技术委员	云南省科学技术院	2021/7/14	云南省
16	四川省大数据标准化技术委员会	四川省大数据中心	2021/12/20	四川省
17	北京市数字经济标准化技术委员会	中国电子技术标准化研究院、北京市数字经济促进中心	2022/6/22	北京市

各地依托大数据标准化技术委员会，制定了大数据标准体系和相关制度文件，在大数据领域产出相关标准成果，主要集中在政务大数据、重点行业融合应用、数据开放共享、数据安全等方面。

北京市依据《北京市大数据标准体系》，研制了一批支撑大数据采集汇聚、共享开放、规范使用、创新应用、安全保障所需的基础性、关键性、共性标准，包括DB11/T 337—2021《政务数据资源目录体系规范》、DB11/T 1918—2021《政务数据分级与安全保护规范》、DB11/T 1919—2021《政务数据汇聚共享规范》等标准。

贵州省以《贵州省大数据标准化体系建设规划（2020—2022年）》为指引，加快推进大数据标准研制，发布DB52/T 1541.2—2020《政务数据平台 第2部分：数据归集规范》、DB52/T 1123—2021《政务数据 数据分类》、DB52/T 1558—2021《大数据安全服务人员能力评价》等20余项大数据地方标准，涉及政务数据、政务数据平台、大数据应用、大数据安全等方面。

安徽省市研制了DB34/T 3473—2019《农业大数据信息资源目录管理》、DB34/T 3385—2019《旅游大数据中心建设要求》等标准。山东省着力打通全省标准化数据生产和采集渠道，发布20余项政务信息资源、公共信用等方面的系列标准。江苏省聚焦政务大数据，发布《政务服务大数据 数据元规范》系列地方标准7个部分以及DB32/T 4197—2022《区块链信息系统通用测试规范》。内蒙古发布有关大数据应用、大数据平台、政务数据，如《草原大数据》系列等标准11项。重庆市着力在数据应用与管理部分发布《畜牧兽医大数据应用与管理》系列标准7项。天津市发布的DB12/T 976—2020《大数据企业认定规范》旨在规范大数据企业的认定和管理工作，有利于政府部门对大数据企业进行分类管理服务。大连市参考《大数据标准化白皮书（2020版）》，在整合大连市大数据产业相关的需求、供给、使用、集成、分析等各方资源的基础上，制定了DB2102/T 0041—2022《大数据标准体系框架》、DB2102/T 0040.1—2022《大数据职业技能规范 第1部分：通用要求》，以支撑大数据产业发展和应用。

2.3.3　大数据标准体系

2.3.3.1　北京市

北京市为推动大数据建设，以标准化为支撑，按照标准先行、突出重点、衔接配套、确保先进的原则，参考国家大数据标准体系提出构建北京市大数据标准体系（如图2-1所示）。该框架不仅能对标国家大数据标准体系，而且能确保与北京市大数据实际工作紧密衔接，主要包括基础、数据、技术、平台和工具、管理、安全和隐私、评价评估以及行业应用8个部分。其中，基础类标准主要包括大数据总体性、框架性、基础性的标准规范，如总则、术语、参考架构等。数据类标准包括数据生命周期标准和数据资源标准等。技术类标准包括大数据集描述标准和处理分析关键技术标准等。平台和工具类标准包括生产工具标准和平台标准等。管理类标准包括数据治理标准、运维管理标准和平台管理标准等。安全和隐私类标准包括安全基础标准、安全要求标准、方法指南标准和安全技术标准等。评价评估类标准包括指标体系标准和方法规范标准等。行业应

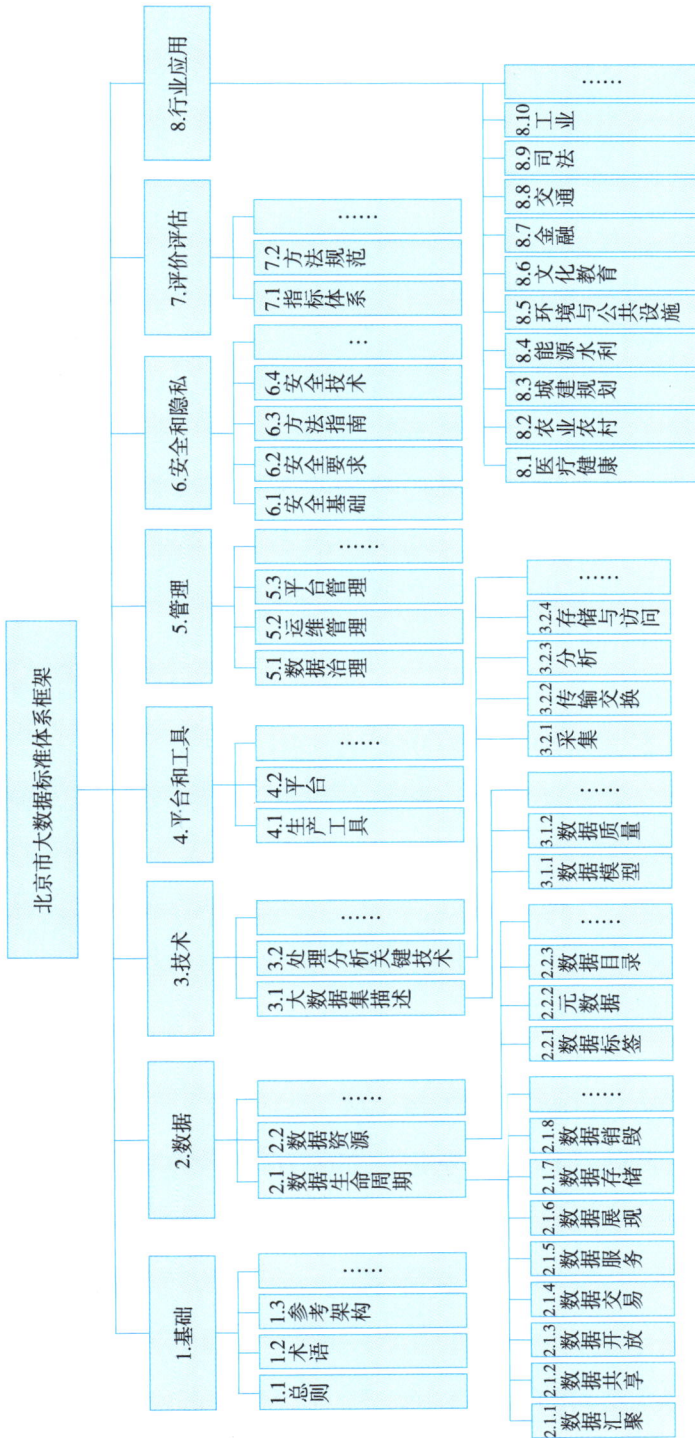

图 2-1 北京市大数据标准体系框架

用类标准是指大数据应用的行业领域，包括医疗健康、农业农村、城建规划、能源水利、环境与公共设施、文化教育、金融、交通、司法和工业等领域。

2.3.3.2 上海市

为实现"用数据说话，用数据决策，用数据管理，用数据创新"，上海市着力推进数字化转型，围绕数字农业转型目标，加强顶层设计，以应用场景建设为牵引，以用户为中心，以业务流程再造为重点，提出建立上海农业大数据标准体系，对上海农业大数进行标准化工作，跨系统、跨层级高质量归集数据，高效率共享数据，高标准确保数据安全。从业务应用的角度出发，提出从基础数据、业务数据和指标分析数据三个类别研制上海农业大数据标准体系，并针对每一类数据分别制定不同的数据标准。

基础数据是指上海农业的核心基础类数据，是应用系统间共享的基础，在跨系统数据共享中发挥着重要的作用，如农用地空间数据、经营主体类数据、农药类数据、肥料类数据、饲料类数据、种养品种类数据等。

业务数据是描述上海市农业生产、经营、管理等事务型数据。该类数据主要分布在30多个应用系统中，属于各个业务系统的数据。

指标分析数据反映上海农业生产、经营、管理情况，一般服务于市、区各级管理者。这部分数据在标准化工作中要结合管理实际分别进行定义，定义的指标要经过业务主管部门审核，定期维护，并随着业务的扩展或者外部环境的变化定期修订或者完善新增分析指标[①]。

---

① 周甄芳，范浚，叶有灿，等.上海农业大数据标准体系建设思路研究［J］.上海农村经济，2022，414（2）：36-38.

2.3.3.3 江苏省

江苏省于2016年发布了《江苏省大数据发展行动计划》（苏政发〔2016〕113号）。文件指出，要尽快推进大数据标准体系建设，建立健全政、产、学、研、金、用联合推进机制，对工业大数据、现代农业大数据等领域做好标准化体系架构建设。

在工业大数据领域，江苏省作为我国的工业大省和软件大省之一，为抢占工业大数据发展先机，促进工业大数据向标准化、条理化、脉络化方向发展，于2017年率先启动工业大数据标准体系研究，研制了DB32/T 3876—2020《工业企业能耗大数据采集质量评价规程》等工业大数据资源领域的重点标准。

在农业大数据领域，2022年1月，江苏省发布的《江苏省"十四五"数字农业农村发展规划》中强调，要以产业数字化、数字产业化为发展主线，以数据为关键生产要素，着力建设基础数据资源体系，推进农业农村生产经营、管理服务数字化改造；同时提出到2025年，要全面建成覆盖省、市、县的农业农村大数据体系，使数字技术与农业产业体系、生产体系、经营体系加快融合，有力推动乡村全面振兴，加快实现农业农村现代化。

2.3.3.4 山东省

山东省于2018年发布了《农业大数据标准体系》，给出了农业大数据标准体系层次结构（如图2-2所示），整个标准体系由基础标准、资源标准、技术标准、安全标准、管理标准以及应用标准子体系组成。其中基础标准子体系包括总体类、术语类、参考架构类等。资源标准子体系包括资源目录类、共享交换类、数据开放类等。技术标准子体系包括数据处理类、大数据平台类等。安全标准子体系包括数据安全类、系统安全类、管理安全类等。管理标准子体系包括数据管理类、运维管理类、测试评估类等。应用标准子体系包括基础服务类、专题服务类等。并配套制定了标准明细表，梳理了发布实施的、正在制定的以及计划制定的国家标准、行业标准和地方标准。

当前，山东省正在研究提出"数字山东"标准体系，制定实施一批数字基础设施、数据资源、应用服务、安全管理等领域的地方标准。

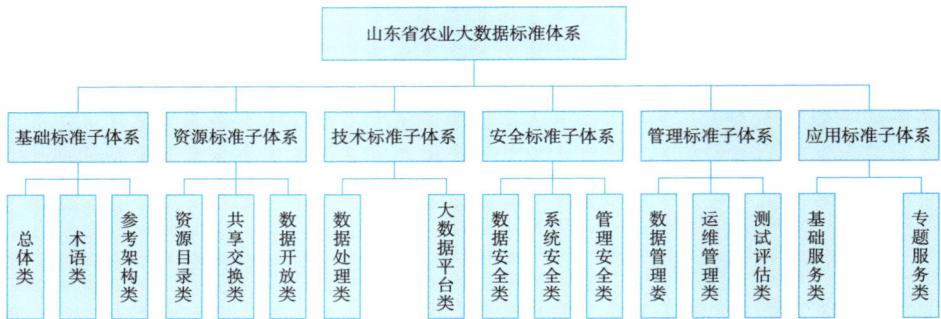

图 2-2　山东省农业大数据标准体系

2.3.3.5　广东省

广东省在全面梳理国际、国家、行业以及地方标准的基础上，结合本省大数据技术及产业发展现状与趋势分析，于2018年建立了符合广东省大数据产业发展需求的标准体系（如图2-3所示），标准体系框架共划分为"基础—技术—安全—工具—应用—管理"等6类。基础数据为整个标准体系提供包括总则、术语、参考架构、元数据、元素集、语义分析、分类分级、通用要求等通用的基础类标准。技术类标准主要是对大数据相关的技术进行标准化规范，包括数据质量标准、数据处理与分析关键技术标准、数据检测与评估技术标准等。安全类标准主要是针对通用的安全和大数据环境下隐私数据的保护，包括通用安全和行业安全等。工具类标准主要是从数据使用过程中的过程性工具和终端应用类工具进行规范，主要包括系统类工具和应用类工具。应用类标准从发挥数据价值的角度出

广东省大数据标准体系框架

- 0 基础
  - 01 总则
  - 02 术语
  - 03 参考架构
  - 04 元数据
  - 05 元素集
  - 06 语义分析
  - 07 分类分级
  - 08 通用要求
  - ......
- 1 技术
  - 11 数据质量
  - 12 数据处理与分析关键技术
    - 121 数据收集
    - 122 数据预处理
    - 123 数据分析
    - 124 数据可视化
  - 13 数据检测与评估技术
    - 131 模型评估
    - 132 风险检测技术
    - ......
- 2 安全
  - 21 通用安全
  - 22 行业安全
    - 221 人工智能
    - 222 电子政务
    - 223 工业互联网
    - 224 健康医疗
    - ......
- 3 工具
  - 31 系统类工具
    - 311 平台基础设施
    - 312 预处理工具
    - 313 存储类工作工具
    - 314 分布式计算工具
    - 315 数据库
    - 316 平台管理类工具
    - ......
  - 32 应用类工具
    - 321 应用分析智能工具
    - 322 可视化展示工具
    - ......
- 4 应用
  - 41 数据开放
    - 411 数据开放总则
    - 412 数据开放目录
    - 413 数据开放平台
    - ......
  - 42 数据共享
  - 43 数据交易
  - 44 数据访问
  - 45 数据应用
    - 431 通用要求
    - 432 区块链
    - ......
    - 451 政务大数据
    - 452 工业大数据
    - 453 商务大数据
    - 454 教育大数据
    - 455 医疗大数据
    - ......
- 5 管理
  - 51 数据运维
  - 52 数据治理
  - ......
- ......

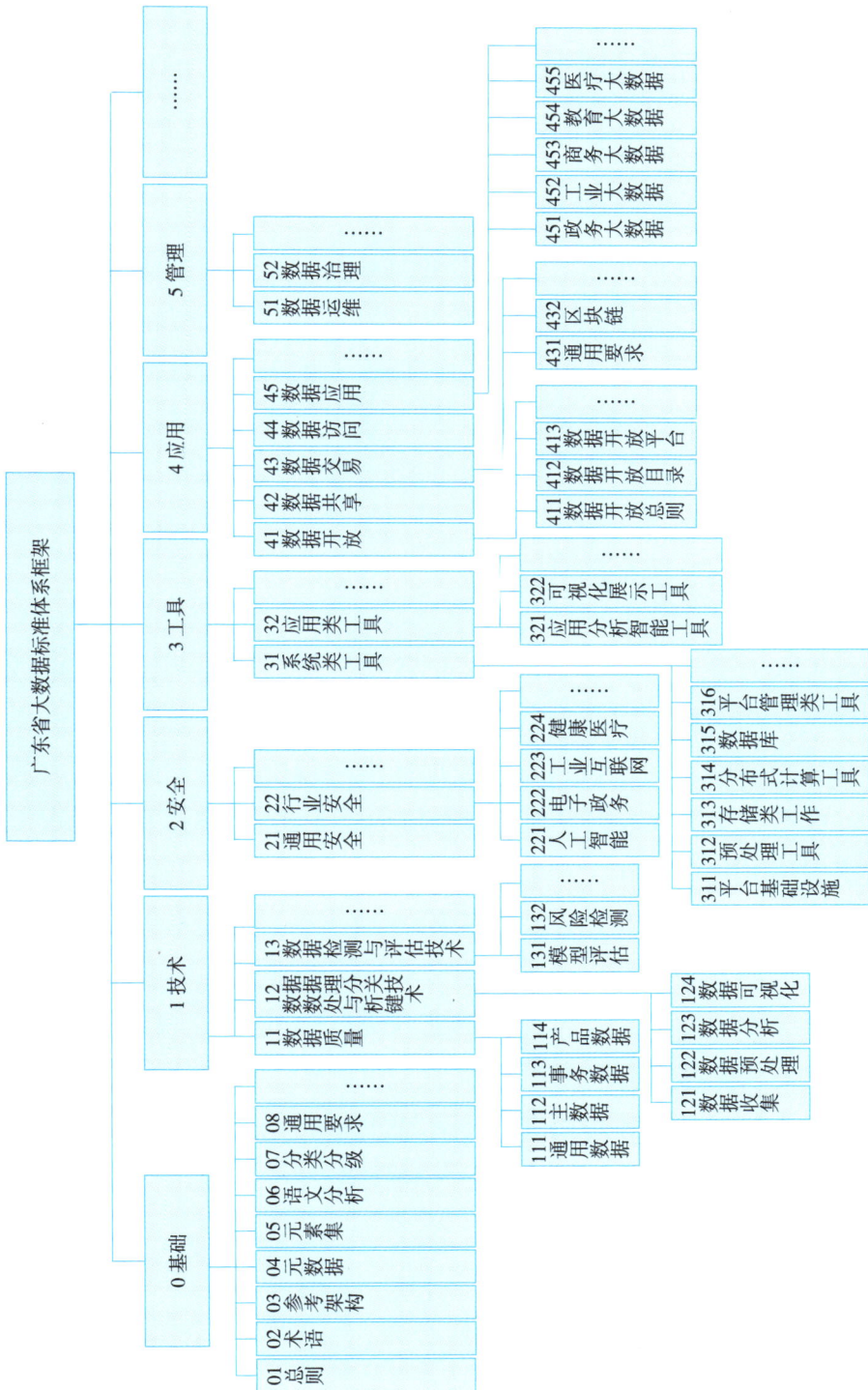

图 2-3 广东省大数据标准体系框架

发，将应用分为数据开放、数据共享、数据交易、数据访问及数据应用等环节。管理类标准是大数据标准的重要支撑，主要包括数据运维和数据治理。

2.3.3.6 重庆市

2020年11月，重庆市获批成为全国首批政务数据开放共享国家标准试点地区之一，推动大数据标准化体系建设成为贯标试点的当务之急，因此，重庆市于2021年初启动了《重庆市大数据标准化建设实施方案（2020—2022年）》，提出建立完善涵盖基础数据、行业应用等多层面大数据标准体系，推动一批标准研制宣贯的大数据标准化配套支撑。

2.3.3.7 贵州省

近年来，贵州省发挥先行先试的优势，深入实施大数据战略行动，率先在国内推动大数据创新成果的标准化和转化应用。为进一步提升标准质量、加强贵州省大数据标准化顶层规划、提升大数据标准化水平、支撑大数据发展和融合应用，于2020年6月发布《贵州省大数据标准化体系建设规划（2020—2022年）》。该规划明确了贵州省大数据标准化体系框架（如图2-4所示），分为基础标准、数据标准、技术方法标准、产品及服务标准、行业应用标准、管理标准以及安全隐私标准。系统梳理当前大数据领域国家、行业以及贵州省地方标准发布情况，并计划研制一批国家、行业、地方标准以及团体标准，充分发挥市场在标准化建设中的积极作用，指导、规范和鼓励社会主体参与大数据标准研制工作。

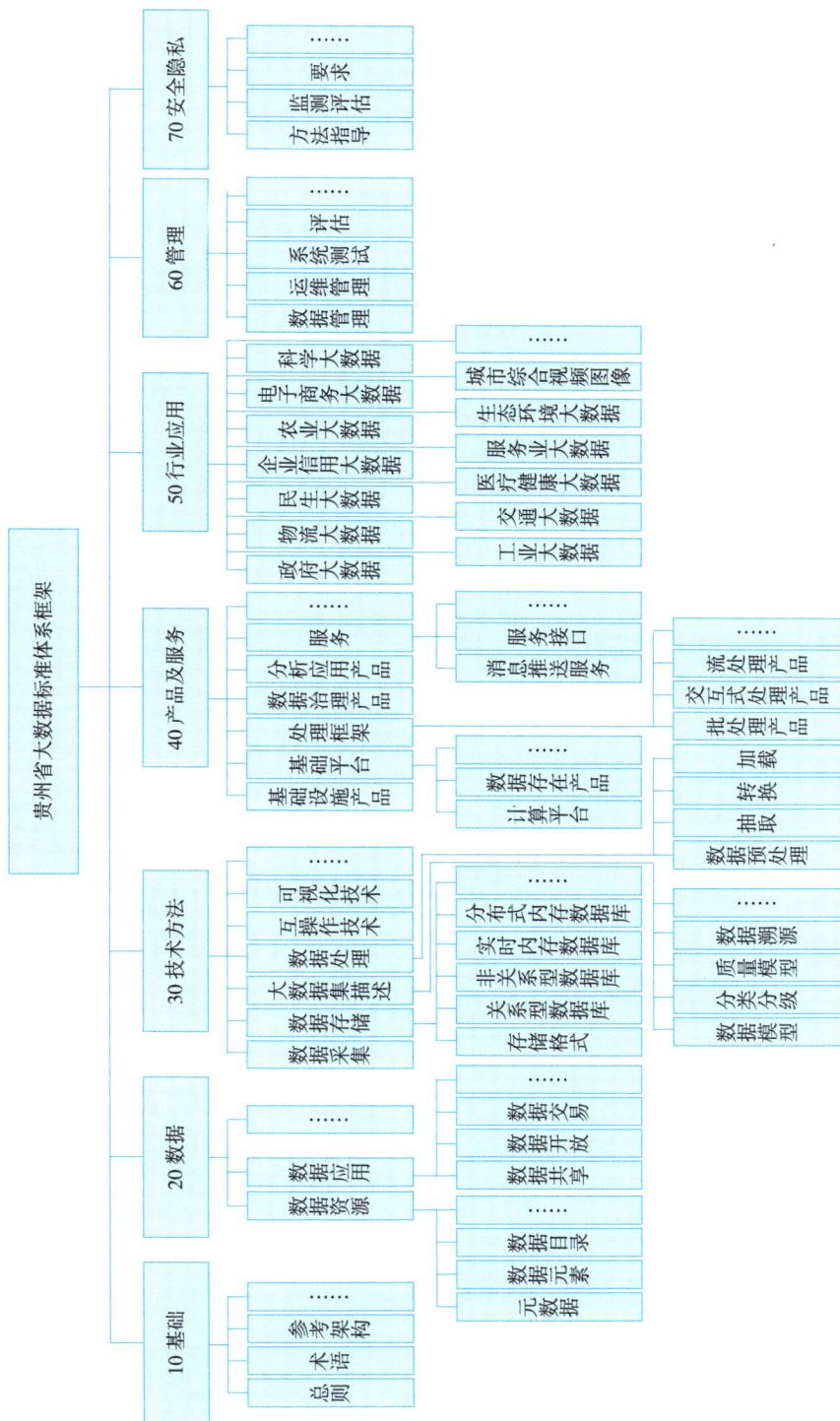

图2-4 贵州省大数据标准体系框架

2.4 团体标准现状

国家实施大数据发展战略以来，我国大数据产业取得了迅猛发展，各类大数据产品和面向各行业的大数据应用层出不穷，亟须通过标准化的途径规范认知、整合资源，促进各方达成共识，为我国大数据产业的健康发展打下规范基础。由于国家标准、地方标准等研制周期较长，不能支撑大数据产业和行业的迅猛发展，团体标准作为标准体系的有效补充快速发展起来。

团体标准是依法成立的社会团体为满足市场和创新需要，协调相关市场主体共同制定的标准。[①]作为一种由社会团体自主制定的标准，与国家标准、地方标准比较起来，团体标准具有四大特点："快"，制修订速度较快，能及时响应市场需求；"新"，迅速跟进新技术、新产品；"活"，制定工作机制灵活；"高"，技术指标普遍处于国内外领先水平。上述特点与大数据产业契合度极高，能够加速创新成果产业化，为技术创新提供动力，更影响着大数据产业经济发展的规则和秩序。因此，应加强对大数据团体标准的政府监管和引导，以推动我国大数据产业进程。在标准实际工作中，使用面广、影响力大且符合政策要求的团体标准，经法定程序推动可以转化、上升为国家标准、行业标准或地方标准，团体标准的转化是推动团体标准扩散、提高科技成果转化的重要方法。大数据团体标准也要积极向国家标准、行业标准或地方标准推进，以进一步提高大数据科技成果的转化。

---

① 该定义出自国家标准化管理委员会、民政部联合印发的《团体标准管理规定》（国标委联〔2019〕1号）。其中，社会团体（association）是指具有法人资格，且具备相应专业技术能力、标准化工作能力和组织管理能力的学会、协会、商会、联合会和产业技术联盟等。

2.4.1　全国标准建设概况

我国政府也相继发布了一系列关于推动大数据团体标准发展的政策文件。例如，国务院发布的《深化标准化工作改革方案》（国发〔2015〕13号）首次提出培育和发展团体标准；国家标准化管理委员会发布的《关于培育和发展团体标准的指导意见》（国质检标联〔2016〕109号）进一步鼓励市场中的协会、商会、学会、联合会以及产业技术联盟等社会团体自主制定、发布团体标准，供社会自愿采用，同时规定社会团体应当具备法人资格以及专业技术能力；2017年11月新修订的《中华人民共和国标准化法》确定了我国团体标准的法律地位。《国家标准化发展纲要》特别强调，"推动标准化改革创新，大力发展团体标准，实施团体标准培优计划，推进团体标准应用示范，充分发挥技术优势企业作用，引导社会团体制定原创性、高质量标准"。

随着我国对团体标准发展的重视程度不断提升，大数据领域的团体标准数量加快增长（见表2-9），大大优化了我国大数据标准的供给结构，引领大数据产业和行业快速发展。根据全国标准信息公共服务平台查询到的团体标准信息，截至2023年2月28日，与大数据相关的现行团体标准共3015项[①]，2016—2022年年均增长率达70%以上，弥补了国家标准、地方标准等研制周期长的不足，有效补充了大数据领域标准体系，为大数据高质量发展提供了基础技术支撑。

[①]　数据来源说明：目前在全国标准信息公共服务平台（https：//std.samr.gov.cn/）对于团体标准的分类没有将"数据"或"大数据"列为单独的一类，对于大数据相关团体标准的认定，本书以"I 信息传输、软件和信息技术服务业"类别中"I64互联网与相关服务"和"I65软件和信息技术服务业"为准进行分析。本章节对于团体标准的统计均使用该口径。

表2-9　2016—2023年我国大数据领域团体标准数量

年份	团体标准数量（个）	同比增长率（%）
2016年	46	—
2017年	93	102.2
2018年	141	51.6
2019年	248	75.9
2020年	476	91.9
2021年	720	51.3
2022年	1126	56.4
2023年（截至2月28日）	165	—
合计	3015	—

注：表内数据来源于全国标准信息公共服务平台（https：//std.samr.gov.cn/）。

2.4.2　各省（区、市）标准供给结构

2.4.2.1　区域结构

根据全国标准信息公共服务平台数据显示，全国有28个省（区、市）都发布了有关大数据领域团体标准（见表2-10），只是发展程度差距较大。其中，国家级社会团体发布的大数据领域团体标准最多，占该领域标准数的1/3以上。而北京、广东、上海等地数据领域社会团体较多、数字经济发展势头良好，大数据产业快速发展催生标准加快研制开发，而标准的不断完善又能推动数字产业、数字经济进一步发展，在数据显示上，三地的团体标准数量之和比其他省（区、市）团体标准数量总和还要多。其中，四川省能查询到的团体标准仅32个，在全国各省（区、市）中排名第11位。

表2-10　各省（区、市）大数据领域团体标准数量

序号	省（区、市）	团体标准数量（个）	序号	省（区、市）	团体标准数量（个）
1	国家级	1033	16	山西省	11
2	北京市	475	17	宁夏回族自治区	9
3	广东省	382	18	新疆维吾尔自治区	9
4	上海市	315	19	安徽省	6
5	山东省	186	20	天津市	6
6	浙江省	160	21	河南省	5
7	湖北省	83	22	黑龙江省	4
8	江苏省	81	23	湖南省	4
9	重庆市	66	24	广西壮族自治区	3
10	福建省	51	25	陕西省	3
11	四川省	32	26	甘肃省	1
12	河北省	28	27	江西省	1
13	辽宁省	26	28	青海省	1
14	吉林省	18	29	云南省	1
15	贵州省	15			

注：表内数据来源于全国标准信息公共服务平台（https://std.samr.gov.cn/）。由于团体标准类别界定不统一且数据更新有时延，标准表内所列各省（区、市）数据领域团体标准与本地根据实际情况统计的标准数量略有差异。

　　从地域分布来说，团体标准的建设呈现出较为明显的"东多中少西追赶"的格局。具体而言，东部省（区、市）团体标准个数均在全国前列（河北省除外），西部重庆、四川等省（区、市）虽然与东部省（区、市）团体标准数量差距较大，但在数量上仍多于中部湖南、江西、安徽等和东北三省。这是一个比较有趣而又值得探索的现象，这种差距或许与各省（区、市）的创新能力及经济发展活力有密切的关系。

2.4.2.2 组织结构

协（学）会是发布团体标准的主力，全国较有影响力的信息类社会团体发布标准在数量上占绝对优势，占据已发布标准的一半以上（见表2-11）。这些团体基本是由民政部授牌、国家行业主管部门归口管理的全国性社会团体，也有上海、广东、山东等地的大数据社会团体积极开展团体标准研制工作，这些团体的积极参与为本省（区、市）大数据团体标准作出了重要贡献。各专业社会团体发挥技术优势，聚焦所在领域，就数据的规范利用制定发布标准，推动我国数据赋能经济社会向纵深发展。值得注意的是，我省的大数据相关社会团体虽然也加快开展了团体标准研制工作，但团体标准数量和团体影响力都还需要加强。以研制团体标准数量最多的四川省卫生信息学会为例，仅能在全国标准信息公共服务平台查询到7个公开的现行团体标准（见表2-12）。

表2-11 全国有影响力的信息类团体的标准数量

序号	团体名称	标准数量（个）	序号	团体名称	标准数量（个）
1	中国电子工业标准化技术协会	171	21	中关村四方现代服务产业技术创新战略联盟	31
2	电信终端产业协会	118	22	中国电子质量管理协会	29
3	上海都市型工业协会	97	23	湖北省数字家庭产业促进会	28
4	中国通信标准化协会	95	24	广东省电子信息行业协会	27
5	上海市物联网行业协会	68	25	上海市计算机行业协会	27
6	上海市闵行区中小企业协会	63	26	武汉·中国光谷创客联盟	26
7	中关村无线网络安全产业联盟	61	27	中国互联网协会	26
8	中关村中交国通智能交通产业联盟	61	28	北京市闪联信息产业协会	24

序号	团体名称	标准数量（个）	序号	团体名称	标准数量（个）
9	中国通信工业协会	56	29	广东省食品流通协会	24
10	重庆市云计算和大数据产业协会	56	30	中国机电一体化技术应用协会	23
11	全国城市工业品贸易中心联合会	54	31	中国信息产业商会	23
12	中国卫生信息与健康医疗大数据学会	54	32	中关村视听产业技术创新联盟	22
13	山东省信息资源应用协会	52	33	中国指挥与控制学会	22
14	中关村标准化协会	52	34	中国无线电协会	21
15	中国软件行业协会	49	35	广东省电子政务协会	19
16	中国通信企业协会	42	36	中关村工业互联网产业联盟	19
17	中国通信学会	41	37	中关村智联软件服务业质量创新联盟	19
18	中国电子学会	40	38	中国科技产业化促进会	19
19	山东省大数据协会	33	39	中国公共关系协会	18
20	浙江省产品与工程标准化协会	32	40	中国计算机用户协会	18

注：表内数据来源于全国标准信息公共服务平台（https://std.samr.gov.cn/）。

表2-12 四川省卫生信息学会大数据团体标准

序号	标准编号	标准名称	公布日期
1	T/SHIA 1—2016	四川省全民健康信息批量数据交换 中间库标准及应用指南	2018/12/13
2	T/SHIA 5.9—2019	区域卫生信息互联互通标准应用指南 第9部分 病案统计管理系统功能规范	2019/6/19
3	T/SHIA 8—2020	四川省健康医疗大数据共享应用指南	2021/1/6

序号	标准编号	标准名称	公布日期
4	T/SHIA 6.2—2020	全民健康信息批量采集交换中间库标准 第2部分：医疗服务	2021/1/6
5	T/SHIA 009—2021	四川省诊所信息系统功能规范	2021/12/23
6	T/SHIA 7.1—2018	卫生健康数据质量控制规范 第1部分：数据质量控制平台功能规范	2022/2/22
7	T/SHIA 7.2—2018	卫生健康数据质量控制规范 第2部分：数据质量控制规则标准	2022/2/22

注：表内数据来源于全国标准信息公共服务平台（https://std.samr.gov.cn/）。

3 四川省大数据标准化发展现状

3.1 政策法规

3.1.1 省级政策法规

自2016年以来，四川省发布了一系列指导大数据发展的政策文件，推动四川省大数据产业基地和产业集群建设，引导和鼓励大数据企业发展，促进数据资源整合、共享、应用，加快大数据与云计算、物联网、移动互联网深度融合发展，并提出一系列重点任务。这些文件的实施取得了较好的效果，阶段目标有序完成，为四川省大数据事业系统、有序、健康发展奠定了基础。

2018年11月，四川省人民政府印发了《加快推进四川省一体化政务服务平台建设进一步深化"互联网+政务服务"工作实施方案》（川府发〔2018〕42号），旨在解决我省"互联网+政务服务"工作中存在的建设管理分散、办事系统烦杂、事项标准不一、数据共享不畅、业务协同不足等痛点和难点，加快全省一体化政务服务平台主体功能建设，并要求在2020年年底实现互联网与政务服务深度融合、大数据服务能力显著增强等目标。①按照文件要求，四川省已实现国、省两级政务服务平台互联互通、数据共享、业务协同，建立了政务信息资源共享交换体系，实现政务信息系统整合共享，持续建立健全全省"互联网+政务服务"标准规范，强化数据安全管理。

2019年8月，四川省人民政府发布了《关于加快推进数字经济发展的指导意见》（川府发〔2019〕20号），要求以数据为关键要素，形成具有较强核心竞争力的数字经济生态体系，提高数字经济与实体经济融合发展水平，提升数字化治理能力。文件指出，要强化数字政府的基础支撑能力、监管水平和服务水平，要加快发展大数据产业、人工智能产业、5G产业、超高清视频产业、电子信息基础产业、数字文创产业等以数字经济为核心的产业，以及要大力完善各产业数据库和推进大数据中心建设。②

2019年8月，为贯彻落实《中共四川省委、四川省人民政府关于加快构建"5+1"现代产业体系推动工业高质量发展的意见》（川委发〔2018〕17号），四川省人民政府发布了《关于深化"互联网+先进制造业"发展工业互联网的实施意见》（川府发〔2019〕19号），要求加快构建"5+1"现代产业体系，围绕推动互联网、大数据、人工智能和实体经济深度融合，拓展"智能+"，构建网络、平台、安全三大功能体系，增强工业互联网产业供给能力。③文件强调要有效整合工业数据资源，加强数据采集和分析能力，强化工业互联网全产业链数据安全管理，提升工业大数据应用水平等。

2019年12月，四川省人民政府办公厅印发了《四川省科学数据

---

① 内容摘自《加快推进四川省一体化政务服务平台建设进一步深化"互联网+政务服务"工作实施方案》（川府发〔2018〕42号）。

② 内容摘自《关于加快推进数字经济发展的指导意见》（川府发〔2019〕20号）。

③ 内容摘自《关于深化"互联网+先进制造业"发展工业互联网的实施意见》（川府发〔2019〕19号）。

管理实施细则》（川办发〔2019〕67号），针对在科学研究实践中产生的海量科学数据缺乏规范管理等问题制定了对应方案，其目的是有效加强和规范我省科学数据管理，提高科学数据的开放共享水平，保障科学数据的安全。该实施细则对四川省科学数据管理的组织机制，科学数据的采集、汇交与保存，科学数据的共享、利用、保密和安全等方面内容提出了具体要求和实施办法。

2021年11月，四川省人民政府发布《成都都市圈发展规划》。该规划是指导成都都市圈（以成都市为中心，与联系紧密的德阳市、眉山市、资阳市共同组成）高质量发展的纲领性文件。规划中多次强调了对大数据技术的应用，要求在构建都市圈立体交通体系中协同搭建公交信息数据共享平台，在规划建设市政设施中推动数据联通、管理协同、运营融合，推进物联网、云计算、大数据等新技术与电网深度融合，在生产性服务业中发挥数据优势改造提升加工制造环节，推动实施先进数据中心示范工程，统筹布局数据中心和存算力资源，丰富"城市数据湖"，建立省市联动、成德眉资协同的数据共享交换机制，共同培育技术和数据市场，推动政务数据和信息资源互通共享。[①]

2022年5月，四川省人民政府发布《关于加快推进政务服务标准化规范化便利化的实施意见》（川府发〔2022〕15号），要求进一步推进政务服务运行标准化、服务供给规范化、企业和群众办事便利化。实施意见对省大数据中心提出了明确的要求，要求加快推进全省一体化政务服务平台建设，完善中介服务"网上超市"相关功能，在保障个人隐私和数据安全的前提下，以全网信息查询、全事项数据共享为目标，增强数据共享和业务协同能力。[②]

2022年12月2日，四川省第十三届人民代表大会常务委员会第

① 内容摘自《成都都市圈发展规划》。
② 内容摘自《关于加快推进政务服务标准化规范化便利化的实施意见》（川府发〔2022〕15号）。

三十八次会议通过《四川省数据条例》，该条例对四川省行政区域内数据资源管理、数据流通、数据应用、数据安全和区域合作等活动提出了相应要求。在数据资源方面，建立全省统一的公共数据资源体系和公共数据资源管理平台，推进公共数据资源依法采集汇聚、加工处理、共享开放、创新应用，提出了对数据资源按目录进行管理，并对管理流程进行了明确规定。在数据流通方面，深化数据要素市场化配置改革，规范数据交易，促进数据要素依法有序流通，将公共数据共享定义和分类分级，且对不同级别和类型的公共数据共享提出了不同的具体要求。在数据应用方面，要求激活数据要素潜能，加快推进数字政府建设，开发数据应用场景，加快数据赋能各产业。在数据安全方面，统筹数据安全管理工作，建立数据安全责任制，完善数据安全综合治理体系。同时，加强数据领域省际合作，加强成渝地区双城经济圈数据协同发展，促进区域间数据共享交换。

2022年9月，四川省大数据中心、四川省人力资源和社会保障厅联合印发《四川省大数据与人工智能专业职称申报评审基本条件》（川数中心发〔2022〕8号），对从事大数据与人工智能工程技术（以下简称数智工程）工作的专业技术人员评定职称做出基本规定，这是我省加强大数据与人工智能工程技术人才队伍建设的重要文件。文件规定，数智工程专业设初级、中级和高级职称，下设大数据、人工智能、云计算、物联网、区块链、数字化管理、数据安全、数字媒体技术8个子专业。[①]

[①] 内容摘自《四川省大数据与人工智能专业职称申报评审基本条件》（川数中心发〔2022〕8号）。

3.1.2 市（州）政策法规

3.1.2.1 成都市

成都市高度重视大数据产业发展，近年来也发布了许多政策性文件。2016年1月，成都市人民政府办公厅发布《关于深入推进政务数据资源整合共享工作的意见》（成办发〔2016〕2号），提出加快构建成都政务大数据资源体系，促进市域地理、人口、经济、文化等政务信息资源有效整合、充分共享，提高政务服务水平和社会治理能力，打造智慧政府，将统筹推进全市政务信息基础数据库建设和构建成都市政务大数据平台作为重点工作推进。

2017年，为实施大数据战略，加快政务云建设，落实"互联网+城市"行动计划，成都市人民政府成立了成都市大数据产业发展和政务云建设工作推进领导小组。2017年9月，市政府第165次常务会议审议通过了《成都市促进大数据产业发展专项政策》（成办发〔2017〕30号），对于提升信息基础设施保障能力、支持大数据平台化服务、促进产业加速器发展、编制大数据应用标准和规范、实施大数据应用示范工程、培养大数据实用人才、评选大数据领军人才、发展大数据交流平台和实施大数据企业滚动培育计划等方面均给予相应补贴。同月，成都市印发了《成都市大数据产业发展规划（2017—2025年）》，提出到2025年将建成国内领先、国际一流的大数据产业发展支撑体系、供给体系和市场体系，全市大数据产业产值达到3000亿元，带动软件和信息服务业收入超过1万亿元。

2018年6月，成都市人民政府发布了《成都市公共数据管理应用规定》（成都市人民政府令第197号），对公共数据采集生产、加工整理、开放共享和管理使用等活动提出了要求。

2021年4月，为贯彻落实国家和四川省关于科学数据管理办法的政策，成都市人民政府办公厅印发了《成都市科技数据管理实施办法》（成办发〔2021〕42号），对成都市本级部门及各区（市）县政府（管委会）预算资金支持开展的科技数据采集生产、加工整理、开放共享和管理使用等活动提出了具体要求。2021年6月，成都市人民政府办公厅对数据产业发展支持政策进行了更新，《成都市促进大数据产业发展专项政策》（成办发〔2021〕61号）在原有补贴方面增加了补贴力度，且增加了几项新政策，如强化对大数据企业的金融支持力度、支持构建数字化产业链、培育数字化生态等。

2022年6月，成都市政务服务管理和网络理政办公室发布了《成都市"十四五"新型智慧城市建设规划》，提出了三点工作任务：一是通过夯实城市数字基础设施构筑集约共享新基座，着力建强城市智能基础设施、建强城市数据资源体系；二是助力数字经济蓬勃发展，营造双向赋能新优势，着力加快培育数据要素市场、以智慧蓉城建设赋能数字经济发展和以数字经济发展赋能智慧蓉城建设；三是增强全域安全支撑体系，着力建立健全安全保障机制、增强网络安全保障能力、提高数据安全防护水平和加强网络安全技术创新。

3.1.2.2 绵阳市

绵阳市政府高度重视数据资源汇聚、共享和应用等工作。2020年，绵阳市人民政府办公室印发了《绵阳市新型智慧城市建设总体方案和绵阳市城市服务平台建设工作推进方案》（绵府办发〔2020〕13号），提出到2022年实现城市数据资源汇聚融合，完善城市基础数据资源体系、交换共享体系，建设统一的城市大数据平台，建立统一数据标准、接口标准、交互标准，以及接入流程、安全设计要求和视觉设计等规范，以数据开放共享和融合利用为核心，重点建设数据共享和业务共性支撑能力。

2022年，绵阳市发布《关于进一步做好2022年全市政务信息资源共享开放工作的通知》，要求各部门围绕数据共享资源的有效性，进一步提升资源质量和信息容量，积极推进信息资源共享，建立和完善数据共享开放责任清单，确保政务数据共享开放工作顺利开展。

3.1.2.3 德阳市

德阳市按照"市统筹、区主导、聚生态、强主业"的思路，构建"1+4+N"制度体系，大力推进数据要素市场化配置改革。其中，2022年3月出台的《德阳市数据要素市场化配置改革行动计划》要求突出数据要素市场化配置改革的"1项顶层规划"；围绕数据要素组织体系、要素培育、交易流通、安全监管制定"4项管理制度"，又先后出台《德阳市数据要素市场化配置组织体系建设方案》（德办发〔2022〕15号）、《德阳市数据要素安全管理暂行办法》（德办规〔2022〕8号）、《德阳市数据要素管理暂行办法》（德办规〔2022〕9号）和《德阳市数据要素市场管理暂行办法》（德办规〔2022〕10号）等文件，为德阳市组织机构改革、数据要素管理、市场运行管理、数据安全保障提供制度保障，推动数据资产的合规使用与价值变现。

3.1.2.4 宜宾市

宜宾市大力探索大数据发展，规划布局和政策支撑两手抓，积极出台支撑数字经济发展的规划、实施意见和实施方案。2017年8月，宜宾市便出台了《宜宾市支持信息产业发展的若干政策》，从资金、土地等方面支持推动大数据和信息化产业发展。

2019年1月，宜宾市出台的《关于加快推进数字经济发展的意见》（宜府发〔2019〕4号）中提出，推动互联网、大数据、人工智能和实体经济深度融合，大力培育融合经济等新业态、新模式，加快形成一批大数据园区、数字经济集聚区，同时支持基于大数据平台的嵌入式软件、数据库、地理信息软件等基础软件产品的研发与应用，强化共性基础技术支撑能力，构建良好的大数据产业发展环境。

2019年9月，宜宾市人民政府办公室印发了《宜宾市数字经济发展规划（2019—2023年）》（宜府办函〔2019〕50号），提出包括提升数字基础能力、加快建设数字政府、提供数字民生服务、数字经济生态建设等发展重点，为加快宜宾转型升级与经济社会高质量发展提供了有力支撑。

3.1.2.5 遂宁市

遂宁市深入贯彻落实国家大数据发展部署，结合实际发展情况，出台了一系列大数据相关政策法规。2022年6月，遂宁市人民政府印发了《遂宁市支持数字经济产业六条措施》，着力支持企业开展数字化改造、信息化和工业化深度融合、数字化转型公共服务开展、数据共享开放应用、数字经济企业（园区）发展以及数字经济产业人才发展等。2022年10月，遂宁市人民政府办公室关于印发了《遂宁市政务数据资源共享管理实施细则（暂行）》（办文〔2022〕6号），规范全市政务数据资源管理，促进政务数据资源汇聚、共享、开放、应用和安全管理，推进数字政府、数字经济、数字社会建设，提升政府治理能力和公共服务水平，其中在第十八条提出市政务服务和大数据局应当会同市市场监管局，制定本地政务数据资源管理地方标准规范，推动大数据标准化发展。同时在其后相继出台了《遂宁市建立健全政务数据共享协调机制加快推进数据有序共享工作方案》《遂宁市政务数据资源共享管理实施细则（暂行）》，以推动政务数据的共享和管理。

3.1.2.6 雅安市

雅安市围绕数据"聚集、融通、应用"三大关键，大力培育大数据产业，推动由单一存储向多场景应用、多元化发展转变，加快建设成渝地区大数据产业基地。2019年12月，雅安市人民政府印发了《关于加快推进数字经济发展的实施方案》，从数字产业化、产业数字化、数字政府、智慧社会和保障措施五个方面入手，推动大数据产业规模壮大。

2022年5月，《雅安市支持大数据产业发展激励政策》正式印发，结合雅安市大数据产业发展实际，从要素保障、项目支持、协作发展、平台建设、人才培训等方面支持大数据产业发展，为加快建设成渝地区双城经济圈大数据产业基地注入了新的更强动力。2022年7月，雅安市发布《雅安市数字经济机会清单》，主要聚焦数字经济核心产业、智能制造、数字政府和智慧城市建设等领域，包含数字经济需求清单和供给清单两部分，致力于将雅安市大数据产业发展机遇转化为可感知、可视化、可参与的发展机会。2022年8月，雅安市人民政府印发了《雅安市"十四五"数字经济（信息产业）发展规划》（雅府发〔2022〕30号），该规划明确了"十四五"时期数字产业化、产业数字化、数字化治理、数据价值化、融入成渝地区双城经济圈联动发展、数字产业基础设施建设等数字经济发展六大主要任务。

3.1.2.7 阿坝藏族羌族自治州

阿坝藏族羌族自治州积极推动电子政务发展，近年来已逐步建成了统一的政务云平台、政务大数据中心平台、电子政务外网等"硬件"基础，但在政务数据资源共享方面有短板。2021年，阿坝藏族羌族自治州人民政府办公室发布《阿坝州政务数据资源管理暂行办法》（阿府办发〔2021〕21号），旨在规范政务数据资源管理，推进政务信息系统互联互通和政务数据归集、共享、应用，建设数字政府。该办法对阿坝州行政区域内政务数据资源的采集、归集、存储、提供、共享、应用及其管理活动提出了具体要求。

3.2 建设情况

3.2.1 大数据标准化组织机构情况

3.2.1.1 省级大数据标准化组织机构

2021年12月，四川省大数据标准化技术委员会（以下简称省大数据标委会）成立，这是四川省大数据标准化建设的里程碑事件。作为大数据专业领域内从事标准化工作的技术组织，省大数据标委会旨在通过完善大数据标准体系，实现全省大数据标准归口管理，推动大数据与经济社会发展深度融合。省大数据标委会综合考虑专业结构、行业代表性、标准研制能力，首届省大数据标委会委员共59人，分别来自政府部门、高等院校、科研院所、大数据企业等，专业涵盖数据应用、数据开发、网络安全、人工智能、区块链等领域，其中，公共利益方25人，占比 42%；生产者15人，占25%；经营者9人，占比16%；使用者10人，占比17%。2022年省大数据标委会增补4位委员。

省大数据标委会成立以来，按照"走出去、引进来、强实力"的工作思路，深入谋划标准化发展系列工作，除推动地方标准研制、推广外，还重点开展了以下工作：一是开展主题调研。充分了解国家标准化发展动向，切实摸清我省大数据标准现状，深入探索大数据行业发展需求，先后赴国家相关机构、先进省份、部分市（州）、大数据企业、团体协会等几个层面开展系列调研，深入交流沟通，学习大数据标准化建设、标准应用实施等方面的经验做法，了解我省大数据标准化发展的痛点和难点，联合各方力量共同推动团体标准研制。二是形成一套工作机制。建立了省大数据标委会文件、印章、经费使用等日常管理模式，保障省大数据标委会正常运转；调动更多地方力量参与大数据标准化建设，在现有结构的基础上，推动成立四川省大数据标准化区块链分技术委员会；每月形成《大数据标准工作动态》，总结省大数据标委会每月工作开展情况，梳理国家和其他省份最新标准动态。三是展开深入研究。在前期调研的基础上，通过调研报告的方式深入总结国家、省内外大数据标准发展现状，认真思考研究我省大数据标准化建设的方向和战略思路；面向社会广泛征集大数据标准化应用案例，结合大数据发展的最新态势及热点方向，联合高等院校、研究机构等专业力量开展深入研究，进一步展示我省大数据标准化建设成果。

3.2.1.2 市（州）大数据标准化组织机构

2020年12月，由成都市标准化研究院和成都市大数据协会联合承担的成都市智慧城市标准化技术委员会获成都市市场监管局批准正式成立。成都市智慧城市标准化技术委员会整体规划并完善智慧蓉城标准体系建设，探索形成政府颁布标准与市场自主制定标准二元结构，重点开展了以下工作：一是组织发布《成都市智慧城市标准化白皮书》《成都市城市信息模型标准化白皮书》等，从顶层层面为成都市智慧蓉城建设提供标准化技术指导，目前《智慧蓉城标准化白皮书》正在征求意见；二是参与制定、实施、评估、完善如城市数字体征服务相关标准规范、数据资源服务相关标准规范、城市信息模型（CIM）相关标准规范、智慧蓉城运行管理平台相关标准规范共计26项；三是邀请各大高校、科研院所、行业领军企业的智慧城市建设、标准化专家学者等组成"标准化智囊团"，为智慧蓉城标准顶层设计和体系建设提供决策参考；四是为响应省委常委会2022年工作要点以及省政府、市政府关于成都市参与智慧城市国际标准试点工作部署要求，在市网络理政办指导下开展ISO 37114《城市和社区可持续发展 建立城市管理信息框架的数据集和数据处理方法框架》和ISO/IEC 24039《信息技术 智慧城市数字平台参考架构》两项智慧城市国际标准试点工作；五是积极组织开展智慧园区案例、标准化支撑政府数字化转型典型案例、数字农业农村标准化案例征集等活动，旨在帮助总结成都市典型经验，发挥典型示范引领作用。

3.2.1.3 大数据社会团体组织

各级大数据标准化组织相继成立，不断加强对大数据行业、大数据产业发展的促进作用，也逐步开展大数据团体标准研究制定（各团体组织制定的团体标准详见表3-1），是我省大数据团体标准建设的深层土壤，为推动大数据标准化建设作出了不可磨灭的贡献。

（1）省级团体组织

四川省大数据发展联盟，成立于2020年10月15日，是按照省委、省政府重大战略部署要求，在省大数据中心的指导下，由在川从事数字化研发、制造、服务的企事业单位、高校、科研院所等相关机构自愿组成的非营利性组织。其主要业务范围包括承办四川大数据年会、承办成渝数字引擎大会、开展数字经济沙龙、发布千亿数字经济机会清单和全省大数据与政务服务应用示范蓝皮书等。联盟以大数据技术链和产业链为纽带，以推动四川省经济社会高质量发展为导向，以大数据应用发展为主线，以多元协同为路径，通过资源共享、协同行动和集成发展的方式，构建"政产学研用融"联动机制，推动大数据知识传播、技术创新、示范应用和产业发展，努力打造具有大数据特色的新型智库、大数据协同创新生态圈和大数据示范应用平台，提升数字政府建设、数字经济发展和智慧社会建设水平，引领和服务全省大数据发展。

四川省卫生信息学会，成立于2005年，主要从事信息管理、信息技术和"互联网+健康服务"等学术性研究。下设人口健康信息标准专业委员会、中医药信息专业委员会、网络医疗专业委员会、大数据专业委员会、卫生健康信息安全专业委员会、区块链健康应用专业委员会等16个专委会。近年来，四川省卫生信息学会积极发布大数据团体标准，成为川内标准制定的标杆团体。

四川省智慧城乡大数据应用研究会，成立于2019年，业务范围包括：开展智慧城乡大数据应用学术研讨、咨询、规划、设计、会展、培训；制定相关大数据技术与业务融合应用标准；试点示范推广大数据技术与业务融合应用建设运用新模式、新成果。

四川省大数据发展研究会，成立于2016年，贯彻国家相关大数据政策，通过课题研究以及承办大赛、论坛、培训、学术研讨等各种活动，服务于政府、产学研机构、新时代金融等各类单位、机构和群众，发挥好参谋、智库和桥梁作用，推动大数据协同发展，通过组建四川大数据产业投资专委会，助力各地方政府大数据产业招商。

四川省大数据产业联合会，成立于2017年，业务范围包括大数据产业调查研究、咨询服务、技能培训、宣传推广、会务、展览展示、行业自律、新技术推广等。

四川省通信学会，成立于1980年，是四川省最大的信息通信类专业社团。主要从事智库及决策咨询、学术交流、科学普及、项目评估、技术资格认定、科技奖励、人才举荐、期刊出版、教育培训等相关工作。

四川省计算机学会，成立于1989年，在四川省电子学会计算机专业委员会基础上成立，是由从事计算机及相关科学技术领域的科研、教育、开发、生产制造、管理、应用和服务的个人或团体机构自愿结成、依法登记成立的非营利性、学术性、科普性组织。

四川省软件行业协会，成立于1996年，由四川省内从事软件研发、信息技术服务，以及为软件行业提供咨询服务的企事业单位自愿组成的地方性、行业性、非营利性社会组织。

四川省技术市场协会，成立于1995年，是主要从事技术合同认定登记、技术交易相关服务、技术交易及管理人员培训、科技成果评价等工作的非营利性社团组织；是四川省技术转移示范机构，四川省科技成果评价首批试点机构；是四川省科技中介服务产业联盟的发起单位，四川省科技产业技术创新公共服务平台理事长单位，四川省科技成果评价服务联盟秘书长单位。

四川省旅游信息化与应用促进会，成立于2016年，依法开展旅游产业链全覆盖的信息化建设应用性研究，适时就会员涉及的专业（领域）发展情况向政府提交调查建议报告，为政府决策提供参考；依法开展推进旅游信息化标准化、科学化、规范化的建设研讨与行业应用推广。

四川省大数据创新应用学会，成立于2017年，业务范围包括搭建大数据平台，建立创新企业模型，研究创新企业发展规律，开展评估、咨询服务、交流协作等。

四川省区块链行业协会，成立于2019年，通过构建区块链行业统一的资源共享平台、技术支撑平台、人才培养平台、运营服务平台、行业监管平台等，推动我省区块链行业集约高效发展。

四川省密码行业协会，成立于2019年，业务范围包括组织开展各种行业研究、交流和协作活动，推动四川省密码产业发展；致力于宣传贯彻密码法以及与信息安全相关的方针、政策、法律和法规；组织举办技术交流活动；协助制定与密码相关的行业标准，向有关部门提供关于密码产业发展的政策建议；组织会员单位联合申请政府技术开发基金和重大项目。

四川省生物信息学学会，成立于2020年，致力服务于大健康产业与民生，交叉融合临床医学、生物信息前沿医学、人工智能和大数据等多门学科，实现创新发展并力争引领四川成为全国生物信息学发展的前沿区域。

表3-1 四川省省级大数据社会团体组织标准建设情况（部分）

序号	协会名称	标准号	标准名称	实施日期	状态
1	四川省软件行业协会	T/SCSIA 1—2015	软件企业评估规范	2017/4/7	现行
2		T/SCSIA 2—2015	软件产品评估规范	2017/4/7	现行
3		T/SCSIA 1—2019	软件企业核心竞争力评价规范	2019/11/11	现行
4		T/SCSIA 2—2019	优秀软件产品评价规范	2019/11/11	现行
5	四川省卫生信息学会	T/SHIA 1—2016	四川省全民健康信息批量数据交换 中间库标准及应用指南	2018/12/13	现行
6		T/SHIA 5.9—2019	区域卫生信息互联互通标准应用指南 第9部分 病案统计管理系统功能规范	2019/6/19	现行
7		T/SHIA 8—2020	四川省健康医疗大数据共享应用指南	2021/1/6	现行
8		T/SHIA 6.2—2020	全民健康信息批量采集交换中间库标准 第2部分：医疗服务	2021/1/6	现行
9		T/SHIA 009—2021	四川省诊所信息系统功能规范	2021/12/23	现行
10		T/SHIA 7.1—2018	卫生健康数据质量控制规范 第1部分：数据质量控制平台功能规范	2022/2/22	现行
11		T/SHIA 7.2—2018	卫生健康数据质量控制规范 第2部分：数据质量控制规则标准	2022/2/22	现行
12	四川省技术市场协会	T/STMA 04—2018	四川省科技成果交易服务规范	2018/7/17	现行
13		T/STMA 06—2019	书画艺术品元数据规范	2019/9/1	现行
14		T/STMA 08—2022	党政信息网络空间安全运维管理体系标准	2022/1/7	现行
15	四川省大数据产业联合会	T/SCBDIF 001—2020	数据服务企业能力评估规范	2020/9/29	现行
16		T/SCBDIF 002—2021	大数据 企业信用信息主体动态标识规范	2021/6/21	现行
17		T/SCBDIF 003—2021	大数据 类金融机构风险评估元数据	2021/10/29	现行

序号	协会名称	标准号	标准名称	实施日期	状态
18		T/ADEDS 01—2021	县域数字资源管理改革指南1.0	2021/12/13	现行
19		T/ADEDS 02—2021	县域数字化项目统筹管理规范1.0	2021/12/13	现行
20	四川省智慧城乡大数据应用研究会	T/ADEDS 01—2022	县域数字城乡建设与运营指南1.0	2023/1/1	现行
21		T/ADSFDS 02—2022	县域数字城乡超融合基础服务支撑平台建设指南1.0	2023/1/1	现行
22		T/ADEDS 03—2022	县域数字城乡智慧医养建设指南1.0	2023/1/1	现行
23		T/ADEDS 04—2022	县域数字城乡政务机器人服务指南1.0	2023/1/1	现行
24	四川省区块链行业协会	T/SCBA 001—2022	可信区块链平台服务等级评价规范	2023/2/14	现行
25		T/SCBA 002—2022	可信区块链应用服务评价规范	2023/2/14	现行
26	四川省密码行业协会	T/SCHCIA 001—2020	安全视频监控系统密码算法应用通用规范	2020/12/2	现行
27		T/SCHCIA 002—2020	安全视频监控系统前端设备的安全加固产品技术规范	2020/12/2	现行
28	四川省计算机学会	T/SCCF 004—2021	业务协同应用数据规范	2021/11/18	现行
29		T/SCCF 005—2021	检察业务案卡数据规范	2021/11/19	现行
30	四川省通信学会	T/SCSTXXH 2—2022	工业互联网公共服务平台互联互通技术规范	2022/9/26	现行
31	四川省旅游信息化与应用促进会	T/TIAPASP 0001—2017	旅游数据中心涉旅资源编码规范	2017/7/3	现行
32	四川省生物信息学学会	T/BISSC 01—2022	专科疾病标准数据集建设规范	2022/12/8	现行

注：表内数据来源于全国标准信息公共服务平台（https：//std.samr.gov.cn/）。

（2）市（州）团体组织

成都大数据产业联盟，成立于2016年，业务范围包括大数据资源共享服务，建立健全大数据专家资源库，开展"互联网+"众创空间实施战略的研究工作、大数据产业链研究、大数据平台建设、大数据领域的初创项目孵化投资、专业辅导等。

成都市大数据协会，成立于2018年，业务范围包括开展大数据行业发展调查，推进大数据资源的分析、研究、开发和利用工作。

自贡市大数据协会，成立于2022年，业务范围包括促进信息技术咨询服务，开展大数据和相关行业调研，进行市场预测。

乐山市大数据研究会，成立于2022年，业务范围包括开展行业调查研究，对接国家级、省级及省内各地市行业协会，提供政策研究、技术论证、顶层设计和统筹协调服务，协助编制信息化项目设计方案。

宜宾市标准化促进会，成立于2019年，业务范围包括按需求提供产业、行业、企业、区域经济发展和民生事业领域的标准化建设发展技术服务，建设和管理绿色宜宾标准化建设信息服务平台。

成都天府新区大数据协会，成立于2020年，业务范围包括大数据资源共享服务、建立健全大数据专家资源库、大数据产业链研究等。

崇州大数据产业创新联盟，成立于2015年，业务范围包括开展大数据领域政策、研究技术标准、组织研讨会、设立数据专项资金、承担机关事业单位委托的大数据产业工作等。

成都市青羊区大数据研究与应用促进会，成立于2015年，业务范围包括为大数据行业提供咨询、培训、信息建设、孵化等服务，建立信息及数据共享平台，整合大数据行业资源，收集和发布大数据行业相关信息，探索建立大数据行业的行业标准和规范。

（3）大数据领域民办非企业单位

四川省电子信息产业技术研究院，成立于2016年，是由电子科技大学主导设立的产业技术研究院，主要从事以电子硬件领域为重点的行业发展规划、关键技术开发、科技成果转化、高新企业孵化、创新创业投资以及其他公共服务。

四川天府大数据研究院，成立于2022年，业务范围包括：产业技术与设备的研究开发；应用领域咨询服务、软件开发、系统集成、对外交流合作与培训；技术成果转化、推广、科技孵化及相关项目引进；产业数字化可行性研究，数字产业化项目孵化；承担政府、企业及其他机构和社会团体的专项课题与科研项目。

成都天府新区国新大数据产业技术科学研究院，成立于2015年，业务范围包括大数据相关服务、宣传、交流、研究、规划，大数据应用平台开发建设和服务，大数据咨询、分析、调查、评估、共享、软件研发、成果转化，承担机关事业单位委托的大数据产业工作。

绵阳科技城大数据产业研究院，成立于2017年，针对但不限于认知计算理论技术及大数据工程技术的产业应用研究和推广工作。

3.2.2 大数据标准制定情况

3.2.2.1 省级地方标准制定情况

目前，四川省已制定政务数据、社会信用、地理信息等方面的地方标准30余项（见表3-2）。2021—2023年，《四川省政务信息系统建设指南》《政务数据 数据分类分级指南》《政务数据 数据脱敏规范》《"天府通办"政务服务 分站点建设指南》等22项涉及政务服务、数据共享、信创工程等方面的标准通过地方标准立项，《公共信息资源标识规范》《12345政务服务便民热线 服务与管理规范》《数据资产登记规范》等4项川渝地方区域大数据标准通过川渝区域地方标准立项。目前部分标准已发布实施，重点标准应用将在后文详细介绍。

表3-2   四川省数据领域地方标准研制情况

序号	标准号	标准名称	实施日期	状态
1	DB51/T 1625—2013	政务服务中心 电子政务大厅数据接口规范	2013/12/1	现行
2	DB51/T 1934—2014	地理信息公共服务平台 数据接口规范	2015/4/1	现行
3	DB51/T 1935—2014	地理信息公共服务平台 服务接口规范	2015/4/1	现行
4	DB51/T 1936—2014	地理信息公共服务平台数据规范 第1部分：矢量数据	2015/4/1	现行
5	DB51/T 1984—2015	城市公共信息平台接口规范	2015/7/1	现行
6	DB51/T 2277—2016	城镇地下管线普查数据规定	2017/1/1	现行
7	DB51/T 2280—2016	地理信息公共服务平台数据规范第2部分：地理实体数据	2017/1/1	现行
8	DB51/T 2281—2016	地理信息公共服务平台数据规范第3部分：地名地址数据	2017/1/1	现行
9	DB51/T 2400—2017	城市信息资源标识编码规范	2017/10/1	现行
10	DB51/T 2441—2018	房屋地址信息规范	2018/2/1	现行
11	DB51/T 2448—2018	"多规合一"空间数据整理及建库技术规程	2018/5/1	现行
12	DB51/T 2508—2018	社区公共服务综合信息平台技术规范	2018/8/1	现行
13	DB51/T 2656—2019	政府信息主动公开基本目录编制规范	2020/2/1	现行
14	DB51/T 2693—2020	地理空间政务数据资源目录规范	2020/8/1	现行
15	DB51/T 2694—2020	地理信息公共服务平台数据规范第4部分：导航电子地图数据	2020/8/1	现行
16	DB51/T 2741—2020	四川社会信用信息平台建设规范	2021/1/1	现行
17	DB51/T 2847—2021	四川省政务信息资源目录编制指南	2021/12/1	现行
18	DB51/T 2848—2021	四川省公共数据开放技术规范	2021/12/1	现行

序号	标准号	标准名称	实施日期	状态
19	DB51/T 10001.4—2021	智慧高速公路 第4部分：车路协同系统数据交换	2022/2/25	现行
20	DB51/T 2897—2022	四川省现代农业园区数字农业建设技术规范	2022/7/1	现行
21	DB51/T 2930—2022	四川省广告监测监管数据规范	2022/9/1	现行
22	DB51/T 10002—2022	公共信息资源标识规范	2022/12/1	现行
23	DB51/T 2941—2022	"天府通办"政务服务平台技术规范	2022/12/1	现行
24	DB51/T 2942—2022	四川省一体化政务服务平台电子证照应用规范	2022/12/1	现行
25	DB51/T 2943—2022	四川省一体化政务服务平台系统接入规范	2022/12/1	现行
26	DB51/T 2954—2022	政府网站统一信息资源库技术规范	2023/2/1	现行
27	DB51/T 3056—2023	政务数据 数据分类分级指南	2023/6/1	现行
28	DB51/T 3057—2023	四川省政务信息系统建设指南	2023/6/1	现行
29	DB51/T 3058—2023	政务数据 数据脱敏规范	2023/6/1	现行
30	DB51/T 3060—2023	四川省政务信息化后评价指南	2023/6/1	现行
31	202103/T071	电子政务外网技术规范	—	待审批
32	202103/T073	四川省电子政务信创工程建设规范与测评规范	—	正在起草
33	202103/T074	四川省公共信用信息归集规范	—	待审批
34	202203/T031	"天府通办"政务服务 分站点建设指南	—	待审批
35	202203/T032	四川省"互联网+监管"数据规范	—	正在起草
36	202203/T033	四川省区块链技术应用标准规范	—	正在起草
37	202203/T034	四川省政务服务评价数据汇聚规范	—	正在起草

序号	标准号	标准名称	实施日期	状态
38	202203/T035	四川省政务云平台监管规范	—	正在起草
39	202203/T036	四川天府健康通 第三方应用接入规范	—	待审批
40	202204/T009	12345政务服务便民热线 服务与管理规范	—	正在起草
41	202204/T010	川渝政务数据风险评估指南	—	正在起草
42	2023年立项	四川省政务数据 数据分类分级防护指南	—	正在起草
43	2023年立项	"天府通办"政务服务自助终端接入规范	—	正在起草
44	2023年立项	"天府通办"服务导引工作指南	—	正在起草
45	2023年立项	政务云上业务系统跨政务云平台迁移规范	—	正在起草
46	2023年立项	县域新型数字城乡建设与运营指南	—	正在起草
47	2023年立项	数据资产登记规范	—	正在起草

注：本表截至2023年6月30日。

3.2.2.2 市（州）地方标准制定情况

在地方标准的制定方面，目前各市（州）级制定数据类地方标准共计20余项（见表3-3），涉及智慧城市市政设施、国土绿化、食品检验检测、医疗保障、人力资源社会管理智慧治理、市场主体智慧监管、公共数据资源等多个领域，包括基础数据、数据交换、接口规范、统计规范、数据资源目录、核心元数据、数据的分类与编码、数据应用流程等多个类别。

表3-3　市（州）级数据领域地方标准制定情况

序号	标准号	标准名称	实施日期	状态
1	DB5101/T 1—2018	成都市食品检验检测数据交换规范	2018/7/2	现行
2	DB5101/T 2—2018	成都市食品检验检测交换数据接口规范	2018/7/2	现行
3	DB5101/T 7—2018	信息技术 软件项目测量元	2018/7/2	现行
4	DB5101/T 13—2018	成都市智慧城市市政设施 城市道路桥梁基础数据规范	2018/10/1	现行
5	DB5101/T 14—2018	成都市智慧城市市政设施 城市照明基础数据规范	2018/10/1	现行
6	DB5101/T 38—2018	成都市国土绿化信息资源数据规范	2018/12/31	现行
7	DB5115/T 8—2019	农村产权流转交易服务规范 流转信息收集与发布	2019/8/1	现行
8	DB5103/T 3—2019	自贡市"四级"公共法律服务实体平台建设规范	2019/8/1	现行
9	DB5101/T 62—2019	成都市会展数据统计规范	2019/9/26	现行
10	DB5101/T 63—2019	成都市医疗保障运行分析指标体系规范	2019/9/26	现行
11	DB5101/T 66—2020	成都市智慧城市市政设施 城市环境卫生基础数据规范	2020/3/31	现行
12	DB5101/T 72—2020	成都市社会组织信用信息 数据规范	2020/6/30	现行
13	DB5114/T 27—2020	眉山"苏小妹"品牌家政诚信服务平台建设规范	2020/12/12	现行
14	DB5101/T 101—2021	1.4G宽带集群专网与TETRA窄带集群专网宽窄融合技术规范	2021/1/29	现行
15	DB5101/T 113—2021	成都市市场主体智慧监管 数据规范	2021/3/26	现行
16	DB5101/T 114—2021	成都市市场主体智慧监管 数据交换接口	2021/3/26	现行
17	DB5101/T 124.1—2021	公共数据资源体系 第1部分：总体框架	2021/4/21	现行
18	DB5101/T 124.2—2021	公共数据资源体系 第2部分：交换技术规范	2021/4/21	现行

序号	标准号	标准名称	实施日期	状态
19	DB5101/T 124.3—2021	公共数据资源体系 第3部分：核心元数据	2021/4/21	现行
20	DB5101/T 124.4—2021	公共数据资源体系 第4部分：应用流程	2021/4/21	现行
21	DB5101/T 130—2021	成都市智慧城市管理 行政执法基础数据规范	2021/10/29	现行
22	DB5101/T 131—2021	成都市人力资源社会保障智慧治理体系 基础数据规范	2021/10/29	现行
23	DB5101/T 132—2021	成都市人力资源社会保障智慧治理体系 数据资源分类与编码	2021/10/29	现行
24	DB5101/T 133—2021	成都市人力资源社会保障智慧治理体系 数据资源目录管理规范	2021/10/29	现行

3.2.2.3　团体标准制定情况

在团体标准制定方面，依托四川省大数据发展联盟、四川省卫生信息学会、四川省智慧城乡大数据应用研究会、四川省大数据产业联合会、四川省计算机学会等一批社会团体，我省制定了涵盖多个领域的数据服务、数据应用等方面的团体标准30余项（见表3-4），新立项团体标准正加紧研制。

表3-4　四川省发布实施数据领域团体标准情况

序号	标准号	标准名称	实施日期	状态
1	T/SCSIA 1—2015	软件企业评估规范	2016/1/1	现行
2	T/SCSIA 2—2015	软件产品评估规范	2016/1/1	现行
3	T/TIAPASP 0001—2017	旅游数据中心涉旅资源编码规范	2017/6/1	现行
4	T/STMA 004—2018	四川省科技成果交易服务规范	2018/7/20	现行

序号	标准号	标准名称	实施日期	状态
5	T/SHIA 1—2016	四川省全民健康信息批量数据交换 中间库标准及应用指南	2016/10/1	现行
6	T/SHIA 7.1—2018	卫生健康数据质量控制规范 第1部分：数据质量控制平台功能规范	2019/1/1	现行
7	T/SHIA 7.2—2018	卫生健康数据质量控制规范 第2部分：数据质量控制规则标准	2019/1/1	现行
8	T/SHIA 5.9—2019	区域卫生信息互联互通标准应用指南 第9部分病案统计管理系统功能规范	2019/6/19	现行
9	T/STMA 006—2019	书画艺术品元数据规范	2019/9/1	现行
10	T/SCSIA 1—2019	软件企业核心竞争力评价规范	2019/11/11	现行
11	T/SCSIA 2—2019	优秀软件产品评价规范	2019/11/11	现行
12	T/SCBDIF 001—2020	数据服务企业能力评估规范	2020/9/29	现行
13	T/SCHCIA 001—2020	安全视频监控系统密码算法应用通用规范	2021/1/1	现行
14	T/SCHCIA 002—2020	安全视频监控系统前端设备的安全加固产品技术规范	2021/1/1	现行
15	T/SHIA 8—2020	四川省健康医疗大数据共享应用指南	2021/1/1	现行
16	T/SHIA 6.2—2020	全民健康信息批量采集交换中间库标准 第2部分：医疗服务	2021/1/1	现行
17	T/SCBDIF 002—2021	大数据 企业信用信息主体动态标识规范	2021/6/21	现行
18	T/SCBDIF 003—2021	大数据 类金融机构风险评估元数据	2021/10/29	现行
19	T/SCCF 004—2021	业务协同应用数据规范	2021/11/18	现行
20	T/SCCF 005—2021	检察业务案卡数据规范	2021/11/19	现行
21	T/ADEDS 01—2021	县域数字资源管理改革指南1.0	2021/12/12	现行
22	T/ADEDS 02—2021	县域数字化项目统筹管理规范1.0	2021/12/12	现行
23	T/SHIA 009—2021	四川省诊所信息系统功能规范	2021/12/23	现行
24	T/STMA 008—2022	党政信息网络空间安全运维管理体系标准	2022/2/1	现行

序号	标准号	标准名称	实施日期	状态
25	T/BISSC 01—2022	专科疾病标准数据集建设规范	2022/12/8	现行
26	T/ADEDS 01—2022	县域数字城乡建设与运营指南1.0	2023/1/1	现行
27	T/ADSFDS 02—2022	县域数字城乡超融合基础服务支撑平台建设指南1.0	2023/1/1	现行
28	T/ADEDS 03—2022	县域数字城乡智慧医养建设指南1.0	2023/1/1	现行
29	T/ADEDS 04—2022	县域数字城乡政务机器人服务指南1.0	2023/1/1	现行
30	T/SCBA 001—2022	可信区块链平台服务等级评价规范	2023/2/14	现行
31	T/SCBA 002—2022	可信区块链应用服务评价规范	2023/2/14	现行
32	T/SCSTXXH 2—2022	工业互联网公共服务平台互联互通技术规范	2022/9/26	现行
33		县域数字经济新型运营管理服务指南1.0		正在起草
34		县域智慧文旅数据融合指南1.0		正在起草
35		县域新型数字乡村社区公共厕所便民智能服务规范指南1.0		正在起草

注：本表根据本地调研了解情况编制，与表3-1内容冲突原因在于数据录入有时延。

3.3 大数据标准体系

3.3.1 大数据标准体系框架

国内多个省（区、市）已开展了大数据标准体系框架的研究和相关标准的研制工作，涉及信息技术、通信技术以及相关行业或领域。根据我国大数据发展现状，结合四川省大数据标准化发展需求，基于各领域对大数据的应用实践，以及大数据未来发展趋势，提出四川省大数据标准体系框架。该体系主要由7个核心一级域构成，分别为基础通用类标准、数据类标准、技术类标准、平台/工具类标准、治理与管理类标准、安全和隐私类标准、应用类标准等，如图3-1所示。

3.3.1.1　基础通用类标准

基础通用类标准为整个标准体系提供总体性、基础性标准规范，在数据技术研发、产品实现和服务提供过程中起指导性、支撑性作用。主要包括总则、术语定义、体系结构和参考模型。

总则：明确标准体系总体建设目标，提出整个体系的通用性、指导性要求，规定编制的标准化要求。

术语定义：用于统一标准体系相关概念和技术等，为其他各部分标准体系制定和信息化数据研究应用提供支撑。

体系结构和参考模型：是针对数据技术参考模型、总体框架和应用指南、参考框架用例和需求、数据标准路线图及基于架构的接口框架等内容进行规范的标准，构建标准体系架构图，指明基础数据资源、数据技术、数据应用和数据安全各专题的主要编制任务，明确各具体数据规范的关键标准化领域、技术方向及规范主要内容。

3.3.1.2　数据类标准

数据类标准主要针对数据资源、交换共享和数据要素等内容进行规定。

数据资源：针对数据资源的元数据、基础信息目录、主题信息目录和部门信息目录的目录编制原则、目录编制流程、目录信息维护等内容进行规定的标准。

交换共享：针对开放共享数据集、开放共享基本要求、开放共

图 3-1 四川省大数据标准体系框架

享评价指标、数据交换接口、数据交换技术、数据交易数据描述、交易流程等内容进行规定的标准。

3.3.1.3 技术类标准

技术类标准主要针对大数据生存周期处理技术，即大数据产生到其使用终止这一过程的关键技术进行标准制定，包括大数据集描述、人工智能、大数据生命周期处理技术、大数据开放与互操作技术、面向领域的大数据技术等内容。

大数据集描述：主要针对描述模型、大数据特征与分类、大数据质量模型和数据溯源等方面进行规范。

人工智能：关于对数据进行智能处理的标准，包括图形图像数据智能处理、智能语音数据智能处理、自然语言智能处理、智能控制与算法等标准。

大数据生命周期处理技术：主要针对数据的收集、预处理、分析、可视化、访问等方面进行规范。

3.3.1.4 平台/工具类标准

平台/工具类标准是针对大数据技术产品及服务提供形成的标准，主要包括基础设施、大数据系统产品和数据库产品。

大数据系统产品：包括大数据系统、大数据存储与处理系统、大数据分析系统、大数据计算系统、数据库管理系统、政务数据资源共享交换系统和政务数据资源开放系统等。

数据库产品：规范描述数据库设计过程及结果。

3.3.1.5 治理与管理类标准

治理与管理类标准主要针对数据治理、管理和评估三个方面进行规范。

治理标准：主要对数据治理的规划和具体实施方法进行标准研

制，包括大数据信息化数据治理技术要求等。

管理标准：管理标准主要针对物联网、大数据、人工智能等相关工具产品进行规范，管理工具分为主数据、元数据、数据质量、数据目录和数据资产等。

评估标准：主要是制定大数据信息化标准体系建设的测试方法和评价体系，为验收提供科学依据。

3.3.1.6 安全和隐私类标准

围绕重要数据安全以及安全服务进行规范，确保各单位数据使用合法合规，是数据管理的重要部分，贯穿于数据生命周期的各个阶段。主要是提供各种手段，使数据符合安全管理的要求，除了基本的鉴权认证外，还包括有些数据要加密存储，有些数据要去隐私后对外提供，有些数据出现泄漏后要有审计追踪等。

应用安全：确保用户通过应用能合法访问数据，包括用户权限、数据溯源、数据水印等技术。

服务安全：主要针对大数据服务过程中所涉及的角色、产品、活动等要素，用于规范服务提供的基本安全、安全监管、服务安全能力、服务交易安全要求与评估等。

数据安全：提出的测试、评价、评估类标准，用于评价相关单位的数据安全能力水平，帮助相关单位发现潜在风险，提升保障能力。

平台与技术安全：承载数据存储、管理、分析的平台要做到安全可靠、运行不中断、数据不丢失、处理不出错。

区块链：引导和规范区块链在大数据应用中的相关技术标准，包括业务和应用、过程和方法、可信和互操作等标准。

3.3.1.7 应用类标准

应用类标准主要针对数据应用系统产品、应用服务以及应用中涉及的技术进行标准化规范。应用类标准分为大数据应用和数字政府。

大数据应用类标准：指针对大数据为各个行业所能提供的服务角度出发制定的规范。该类标准是各领域根据其领域特性产生的专用数据标准，具体包括交通大数据、农业大数据、教育大数据、信用大数据、文旅大数据、智慧城乡大数据等标准。

数字政府类标准：指在数字政府运行管理、政务服务、公共服务、执法监管、协同治理等方面制定相应的标准规范。

3.3.2　标准明细表

现行和正在研制的国家、行业、地方大数据标准共有140项，其中国家标准共35项、行业标准共35项、地方标准共70项，数据安全和大数据应用两大板块的标准较成熟，相比而言，数据资源和技术方面出台标准较少，详情见附录1。

3.4　重点领域

3.4.1　农业农村领域

3.4.1.1　大数据标准化发展问题

经过多年建设，我省农业农村信息化基础不断夯实，各类应用系统、物联网不断普及，数字农业试点不断展开，但也存在着一些突出问题。

农业信息大数据管理和标准化工作有待进一步加强。目前，四川农业农村数字化管理平台建设不完善，缺乏统一的标准和规范体系，成为制约四川数字农业进一步发展的瓶颈。相关农业生产企业、IT企业、大中专院校、科研院所等各自探索发展，建设众多不同类型的物联网设备、生产管理信息化平台，数据分散不统一，缺乏相关数据采集、处理和发布等标准，信息孤岛现象突出。各物联网设备或管理平台之间无法实现共联、共享，信息数据完整性、关联度不高，导致全省对农业农村各类数据掌握不全面、不精准。

顶层设计仍不明确，政策制度支撑力度仍不足。目前，省级层面没有统一的、成体系的大数据相关标准，导致各市（州）的数字农业试点建设没有明确的方向，存在"散、乱、碎"的问题，多层建、重复建的现象普遍存在。同时，缺乏顶层设计，标准不统一，口径不统一，难以集成整合，导致信息不连贯、不对称，出现数出多门、数据打架、浪费较大、效能不高等，导致"全省一盘棋"的局面未形成。

农业信息大数据资源研究与建设总体仍然滞后。全省"三农"数据的缺失、滞后、封闭，严重制约了我省农业管理决策的科学性、系统性、高效性和精准性。同时由于农业生产过程发散、生产主体复杂、需求千变万化，与工业、交通等行业大数据相比，针对农业的海量大数据处理分析技术依然缺乏，开展适农大数据技术研究迫在眉睫。

3.4.1.2 大数据标准化发展成效

将信息化建设标准纳入星级现代农业园区考核。依据《四川省现代农业园区建设考评激励方案》（川委厅〔2018〕50号）精神，特别就粮食类、经济作物类、养殖类园区分别制定星级现代农业园区信息化建设的标准与规范。每个园区积极推进完成了监控平台、信息化场景应用、农产品电商销售、益农社为农服务等信息化建设任务。2022年，四川省农业农村厅制定实施了《四川省现代农业园区数字农业建设技术规范》，有效填补四川省现代农业园区数字农业建设地方标准空白的现状。该文件切实规范现代农业园区数字农业建设，保证现代农业园区数字农业建设质量，有效推进我省现代农业园区向科技创新的智慧园区转型升级。

通过数字三农平台建设构建我省农业大数据标准体系。数字三农平台的建设坚持标准先行，结合国内国外相关标准，从数据资源、基础设施、技术支撑、安全保障、应用服务、运营支撑、项目管理等多个维度制定标准规范，保障数字三农平台建设的统一性、规范性、实用性。重点从省级数据标准、技术标准、管理规范入手，开展相关标准体系建设。

3.4.2 交通运输领域

3.4.2.1 完善大数据标准管理制度

印发实施《四川省交通运输信息化建设项目管理办法》，要求厅直属单位在建设信息系统时，要按照有关数据规范标准编制形成数据资源目录，并接入省交通运输大数据中心。印发实施《四川省交通运输厅网络安全管理办法》，明确数据安全有关要求。初步编制形成《四川省交通运输政务信息资源共享管理办法》，计划修改完善后印发实施。

3.4.2.2 研究交通运输信息化标准规范

明确行业信息化标准体系。按照交通运输部《关于加强和改进交通运输标准化工作的意见》有关要求，为加强标准化管理体系和技术体系建设，强化标准有效实施，2016年交通运输厅组织研究编制了《四川省交通运输信息化标准体系》，在充分考虑国家标准、交通行业标准、四川省地方标准以及四川省行业规范性文件内在联系的基础上，研究形成了上下衔接、层次分明的标准体系框架，采用交通运输行业的业务领域（维度Ⅰ）、信息化内容（维度Ⅱ）、标准应用范围（维度Ⅲ）、标准级别（维度Ⅳ）和标准化阶段（维度Ⅴ）五维结构。其中，业务领域划分为公路管理与服务、水路管理与服务、安全应急、综合交通运输、运输管理与服务、城市交通、交通物流、协同执法、综合事务；信息化内容划分为基础设施、信息应用、信息资源、信息安全、信息化管理、新技术应用；标准应用范围划分为业务规范、通用技术、专用技术；标准级别涵盖国际标准、国家标准、交通行业标准、其他行业标准、四川省地方标准、部规范性文件、四川省地方规范性文件7项分类；标准化阶段涵盖现行标准、列入计划标准、具备标准化条件、急需研究制定的标准等不同形式。

研究形成了一系列地方性标准规范和指南。按照交通运输信息化标准化体系总体架构，在既有国家标准、交通行业标准的基础上，交通运输厅结合我省实际，研究形成了一系列交通运输领域信息化地方标准规范和建设指南（详见表3-5）。

表3-5　四川省交通运输领域信息化地方标准

序号	分类	地方标准名称
1	综合交通	《四川省交通运输视频联网技术要求》
2		《四川省交通运输行业数据共享规范》系列规范（包括《数据资源目录》《数据资源交换和服务技术规范》《数据交换业务标准规范》）
3		《四川省气象、水文、地质环境监测数据共享与交换标准》
4		《四川省交通运行监测与应急指挥系统（二期）工程建设指南及技术规范要求》
5	公路管理与服务	《四川省公路建设市场信用信息分类与编码》
6		《四川省公路建设市场信用信息采集与交换技术要求》
7		《四川省公路可变情报板设备数据接口规范》

序号	分类	地方标准名称
8		《四川省高速公路视频联网技术要求（暂行）》
9		《四川省高速公路联网电子不停车收费系统（ETC）暂行技术要求》
10		《四川省高速公路联网电子不停车收费系统复合车载设备暂行技术要求》
11		《四川省高速公路联网电子和人工混合收费车道暂行技术要求》
12		《四川省高速公路联网收费复合通行卡暂行技术要求》
13		《智慧高速公路》系列川渝区域地方标准（包括《智慧高速公路 第1部分：总体技术要求》《智慧高速公路 第2部分：智慧化分级》《智慧高速公路 第3部分：路测设施设置规范》《智慧高速公路 第4部分：车路协同系统数据交换》等4项川渝区域地方标准）
14		《四川省水上交通信息化项目建设工作指南》
15	水路管理与服务	《四川省航务海事数据互联互通接口技术规范》
16		《四川省水路运输市场信用信息采集与交换技术要求》
17		《四川省水运建设市场信用信息分类与编码》
18	城市交通	《城市出租营运和监测系统数据共享交换规范》
19		《城市公交营运和监测系统数据共享交换规范》
20		《四川省道路客运卫星定位系统车载视频终端技术要求（试行）》
21	运输管理与服务方面	《四川省道路客运卫星定位系统视频平台技术要求（试行）》
22		《四川省道路客运卫星定位系统视频通信协议（试行）》
23		《四川省道路汽车客运站及客运车辆WIFI覆盖应用要求》
24		《四川省道路客运联网售票服务信息系统接口技术规范（试行）》
25		《四川省道路运输市场信用信息采集与交换技术要求》
26	协同执法	《四川省交通运输行政执法数据交换接口标准》
27		《四川省交通运输信息化执法装备技术要求》

3.4.3 制造领域

3.4.3.1 智能制造标准化现状

早在2015年，国家就启动了智能制造能力成熟度标准的研究工作，自2018年起陆续开展标准的试点应用。2020年10月，工信部正式发布GB/T 39116—2020《智能制造能力成熟度模型》和GB/T 39117—2020《智能制造能力成熟度评估方法》两项国家标准，并于2021年5月正式实施。两项国家标准聚焦"企业如何提升智能制造能力"的问题，提出了智能制造发展的5个等级、4个要素、20个能力子域以及1套评估方法，引导制造企业基于现状合理制定目标，有规划、分步骤地实施智能制造工程。标准为客观评价制造企业的智能制造能力水平提供依据，是制造企业识别智能制造现状、明确改进路径的有效工具，也是各级主管部门掌握智能制造产业发展情况的重要抓手。

标准给出了企业实施智能制造要达到的阶梯目标和演进路径，提出了实现智能制造的核心要素、特征和要求，为企业及从事智能制造的相关人员提供了一个"理解当前智能制造状态、建立智能制造战略目标和实施规划"的框架工具。标准从人员、技术、资源、制造等要素维度，从低到高分五个成熟度等级综合评价企业数字化、网络化、智能化发展水平。其中，一级为流程化管理（规划级），二级为数字化改造（规范级），三级为网络化集成（集成级），四级为智能化生产（优化级），五级为产业链创新（引领级）。目前全国有400家企业通过符合性评估，其中达到二级的企业239家，达到三级的企业86家，达到四级的企业29家，近期有46家企业申请通过一级评估，暂无企业通过五级评估。[①]

---

① 数据来源：智能制造评估评价公共服务平台（https：//www.c3mep.cn/）。

2022年，东方电气集团东方汽轮机有限公司、东方电气集团东方电机有限公司、眉山中车紧固件科技有限公司陆续通过了智能制造能力成熟度三级评估，成为四川省首批、全国行业首批通过智能制造能力成熟度评估的企业。

目前四川省有关单位参与编写了国家标准《智能制造应用互联第1部分：集成部分要求》和《制造业数字化转型路线图》白皮书，组织制定《柔性制造系统与集成》等地方标准、《电站锅炉高温高压部件智能制造效益评价》《精密数控刀具、刀片智能制造效益评价》等企业标准，并积极引导省内行业龙头企业研究制定企业、地方或行业标准。

3.4.3.2 信息技术服务贯标现状

信息技术服务标准（Information Technology Service Standards，ITSS）是在工业和信息化部、国家标准化管理委员会的指导下，由国家信息技术服务标准工作组组织研究制定的，是我国IT服务行业最佳实践的总结和提升，也是我国从事IT服务研发、供应、推广和应用等各类组织自主创新成果的固化。ITSS里包含了我国IT服务行业内企业经营活动相关的各个领域的很多具体标准，包括咨询设计、集成实施、运行维护、服务管理、IT治理、监理、云计算服务、人才评价等。截至2022年6月28日，四川省通过ITSS标准符合性评估证书共297张，其中运行维护证书280张（列全国第八位），云服务证书14张，咨询设计证书3张。ITSS服务工具产品5个。四川省通过运行维护标准企业280家，其中甲方3家，一级企业1家，二级企业19家，三级企业244家，四级企业13家。获证企业总数同比增长33.97%。[1]

---

[1] 数据来源：四川ITSS公众号。

3.4.3.3 "两化融合"管理体系贯标现状

信息化和工业化融合（以下简称两化融合）管理体系是我国首个覆盖两化融合全局、全要素、全过程的管理体系标准。作为企业构筑信息时代核心竞争能力的体系方法，经过8年的大范围普及推广和深入应用，两化融合管理体系不断丰富完善，已经形成一系列普适易用、相互配套的标准体系，成为国家和地方省市推进信息技术和实体经济深度融合的重要抓手，其评定结果被作为评判企业综合发展潜力的重要依据。两化融合管理体系贯标主要是贯彻《信息化和工业化融合管理体系》等一系列标准，这些标准主要包括要求、基础和术语、实施指南、评估指南等。两化融合管理体系在我国制造强国建设、制造业转型升级中发挥的作用日益彰显。贯彻推广两化融合标准是在信息技术不断发展的环境下，企业围绕其战略目标，将信息化作为企业的内生发展要求，夯实工业化基础，推进数据、技术、业务流程、组织结构的互动创新和持续优化，充分挖掘资源配置潜力，不断打造信息化环节下的新型能力，形成可持续竞争优势，实现创新发展、智能发展和绿色发展的过程。截至2023年2月，获全省通过升级版两化融合管理体系贯标评定企业达1260家，数量居全国第四位。

3.4.4 社会治理与政务服务领域

3.4.4.1 城市管理领域大数据标准化发展

目前在四川省使用的城市管理信息化标准主要有11部国家、行业标准（详见表3-6）。

表3-6　四川省城市管理信息化标准遵循的国家标准、行业标准

序号	标准号	标准名称	实施日期	状态
1	CJJ/T 106—2010	《城市市政综合监管信息系统技术规范》	2011/2/1	现行
2	GB/T 30428.1—2013	《数字化城市管理信息系统 第1部分 单元网格》	2014/8/15	现行
3	GB/T 30428.2—2013	《数字化城市管理信息系统 第2部分 管理部件和事件》	2014/8/15	现行
4	GB/T 30428.3—2016	《数字化城市管理信息系统 第3部分 地理编码》	2017/3/1	现行
5	GB/T 30428.4—2016	《数字化城市管理信息系统 第4部分 绩效评价》	2017/3/1	现行
6	GB/T 30428.5—2017	《数字化城市管理信息系统 第5部分 监管信息采集设备》	2018/4/1	现行
7	GB/T 30428.6—2017	《数字化城市管理信息系统 第6部分 验收》	2018/7/1	现行
8	GB/T 30428.7—2017	《数字化城市管理信息系统 第7部分 监管信息采集》	2018/11/1	现行
9	GB/T 30428.8—2020	《数字化城市管理信息系统 第8部分 立案、处置和结案》	2020/11/1	现行
10	CJJ/T 312—2021	《城市运行管理服务平台技术标准》	2022/1/1	现行
11	CJ/T 545—2021	《城市运行管理服务平台数据标准》	2022/1/1	现行

其中，涉及城市管理大数据的国家标准有5项，分别是《数字化城市管理信息系统 第1部分 单元网格》《数字化城市管理信息系统 第2部分 管理部件和事件》《数字化城市管理信息系统 第3部分 地理编码》《数字化城市管理信息系统 第4部分 绩效评价》《数字化城市管理信息系统 第8部分 立案、处置和结案》，1项城镇建设行业产品标准《城市运行管理服务平台数据标准》。

2014年，住房和城乡建设厅建成全国首个省级数字化城市管理信息系统。为更好地指导各地城市管理信息化建设，更有效地汇聚各市（州）数字化城市管理运行数据，更科学地对各地城市管理工作进行监督、指导、评价，推动各地城市管理水平提升，住房和城乡建设厅在数字化城市管理国家标准、城市运行管理服务平台行业标

准的基础上，结合我省实际，先后出台了《四川省数字化城市管理信息系统建设导则》《四川省县（市）级城市数字化城市管理信息系统技术导则》《四川省数字化城市管理信息系统数据交换接口规范》《四川省智慧化城市管理平台建设导则（试行）》《四川省城市运行管理服务平台与市级平台数据对接技术方案》《四川省城市运行管理服务平台行业应用系统技术标准》（报批中）等地方标准规范和指导文件，为各市（州）、县（市、区）城市管理信息系统功能设计、数据库规划设计与建设以及数据交换共享提供了技术遵循。

3.4.4.2　环卫行业大数据标准化建设

近年来，各市（州）环卫部门积极推进信息化建设工作，按照《四川省城镇生活污水和城乡生活垃圾处理设施建设三年推进总体方案（2021—2023年）》的要求，进一步加强生活垃圾处理设施运行监管平台建设，开发推行各类管理信息系统，初步实现环卫管理一系列工作的规范化和标准化。

通过数据同传，实现精准付费。各地环卫行业主管部门积极探索依托物联网、移动互联网、大数据等技术构建"环卫数据平台"，通过前端扫码感应、中端定位监管、末端处置监控等环节实时上传数据，可精准追溯到具体日期详细时间段以及每个投放主体产生的垃圾重量、转运路径和最终去向，为后续"谁产生、谁付费"提供依据。同时，"三端数据统一"可作为政府购买服务的付费依据，有力精简了政府的处置成本。

通过数据共通，实现共享共治。依托"环卫数据平台"监管，打通部门之间的数据壁垒，破解信息系统痛点。市场监管、城管、公安、商务等行业监管部门可共享数据资源，特别是对数据异常的餐馆等实行靶向督查，有效避免提炼"地沟油"、偷排餐厨垃圾等现象，全线构筑起"文明新食尚"的"防火墙"。

通过数据分析，提供精细服务。运用同步上传的"第一手"

真实数据，可精确测算出区域内生活垃圾分类减量化、资源化、无害化及减碳量等指标，并通过对垃圾种类、数量的记录和大数据分析，了解前端个体的消费习惯和消费需求，促使相应企业有针对性地加以回收利用和推广销售服务。同时，运用数据平台可建立起垃圾回收、处置、再利用无缝对接机制，快速形成资源回收—加工—利用的完整产业链，实现从人工统计到物联网感知转变、从数据碎片到数据共享转变、从多头并行到资源整合转变，让"人工跑"变为"数据跑"。

3.4.4.3 政法智能化信息大数据标准化发展

全省政法大数据平台。编制完成五大类20余个业务标准、数据标准和管理规范，出台7个跨部门办案平台标准规范、5个涉案财物管理系列标准、3个运维管理体系标准，为政法大数据平台高效、有序运转提供了坚实保障。充分利用联通IDC数据中心具备国际数据中心和国家A级标准的优势，采取租赁方式将政法大数据平台数据独立存储于联通IDC数据中心，满足平台运行、存储、应用需求，数据资源倍增效应进一步释放，大大提高数据中心可靠性。目前，政法大数据平台已接入数据149亿条，涵盖网格化、矛盾纠纷化解等社会治理数据，以及案件、判决书、重点人员和人口、律师、车辆、旅店等政法信息数据，并可实现政法机关与外部数据的交换共享，支持人口、律师资格、火车票订票、信息旅客住宿、社区矫正等信息在20个跨部门业务场景、80余个实际业务中的应用，真正打破政法各单位之间的数据边界，有效解决长期存在的"信息孤岛""数据壁垒"等问题，最大限度地实现数据共享应用。

全省政法系统跨部门办案平台。平台覆盖法、检、公、司办案交互业务，基本实现非涉密刑事案件侦查、起诉、审判、执行全程闭环流转。编制完成四川省政法系统跨部门办案平台技术接口、业务数据、工作流程、平台代码、刑事案件电子卷宗、业务协同管理等30类标准规范，共梳理65类业务流程396个节点，已流转非涉密刑事案件5万余件，网上流转率达100%，单轨流转率达90%。随着跨部门办案平台的深度应用，重塑了执法司法办案模式，办案工作从纸质卷宗为主向电子卷宗为主转变，智能阅卷、文书自动生成等辅助办案功能充分发挥，线下办案任务减少10万余次，执法司法效率提升63%；规范了执法司法行为，严格依照法律规定设置业务流程，对跨部门流转的案件信息统一规范，强化案件信息对比、分析和研判，执法司法效果明显改善；拓宽了执法监督渠道，每一个案件办理全程留痕、全程溯源，变内部监督为跨部门监督、事后监督为全程监督，执法司法公信力明显提升。

全省政法系统涉案财物信息管理平台。紧密对接国家标准和行业标准，编制《刑事诉讼涉案财物业务流程1.0》《刑事诉讼涉案财物业务流程规范》《涉案财物集中管理系统业务数据标准（试行）》《涉案财物集中管理场所建设规范（试行）》《涉案财物集中管理场所运行管理规范（试行）》《涉案财物集中管理系统流程规范（试行）》《四川省刑事诉讼涉案财物管理办法（试行）》，组织开展业务系统改造联调，开发了全省统一的涉案财物管理系统，并与第三方共管中心系统对接，加强涉案财物随案流转和处置权变更管理，实现涉案财物全生命周期的闭环处置。截至目前，公安向检察院移送成功案件7000余件，财物量14400件。我省涉案财物管理工作得到中央政法委的高度肯定，河北、宁夏、山东、陕西等多个省市前来考察学习。

推动委机关数据资源整合。2019年起，按照相关的要求，省委政法委规划将5个系统平台迁移至电子政务外网，统一委机关网格化系统、维稳系统和多元化解系统三大平台数据标准，制定信息化数据规范，总计12类66个数据资源标准、63个编码规范、538个字典参考项，整合机关内部数据6000余万条。实现一点登录、全网通用的效果，切实解决重复录入问题，有效提升工作质量和效率。

4 四川省大数据标准化发展重点探讨

4.1 标准化顶层设计

标准作为数据基础制度的组成内容，对充分激发数据要素潜力有重要作用。完善的大数据标准化顶层设计，将推动标准化规范有序快速建设，更加有效支撑数字化改革和发展。

4.1.1 国家及各地大数据标准化制度建设

近年来，国家相继出台一系列政策措施完善大数据标准化顶层设计。《国家标准化发展纲要》要求加强大数据、人工智能等关键技术领域标准研究，建立健全大数据与产业融合标准，为未来15年我国标准化发展设定了目标和蓝图。《关于构建数据基础制度更好发挥数据要素作用的意见》提出要深入参与国际高标准数字规则制定，在数据采集、数据流通、数据交易等领域建立标准体系，推动数据产品标准化。《全国一体化政务大数据体系建设指南》（国办函〔2022〕102号）明确推进标准规范一体化，重点加快国家标准编制、开展全国一体化政务大数据标准体系建设，推进标准规范落地实施。

广东、浙江、贵州、重庆等先行省（市），相继出台大数据标准化体系建设规划、大数据标准化建设实施方案、大数据标准体系规划与路线图等，推动构建科学先进的标准体系规划与路线图，在顶层规划和整体统筹上，规划"一盘棋"，画好"一张图"，提高大数据标准供给能力，提升大数据标准化水平。

4.1.2 四川省大数据标准化制度建设

自2016年以来，四川省发布了一系列指导大数据发展的政策法规，推动数字经济、数字社会、数字政府加快发展，这些文件中也对标准规范提出规定和要求。《关于深化"互联网+先进制造业"发展工业互联网的实施意见》（川府发〔2019〕19号）提出，构建工业互联网标准体系，推动相关行业在技术、标准、政策等方面充分对接。《关于印发加快推进四川省一体化政务服务平台建设进一步深化"互联网+政务服务"工作实施方案的通知》（川府发〔2018〕42号）提出，建立全省"互联网+政务服务"标准规范。《关于加快推进政务服务标准化规范化便利化的实施意见》（川府发〔2022〕15号）提出推进政务服务标准化的实施步骤和主要措施。2023年1月1日开始实施的《四川省数据条例》全面规范四川省行政区域内数据资源管理、数据流通、数据应用、数据安全和区域合作等活动，其中第七条规定，省人民政府标准化行政主管部门应当会同有关部门加强数据标准体系建设和管理，制定完善并推广数据收集、共享、开放、应用等标准规范，鼓励企业、科研机构和社会团体等参与制定数据国家标准、行业标准、团体标准和地方标准等技术规范。

在大数据领域的标准化制度建设方面，四川省省级层面暂未出台统一的大数据标准化顶层战略政策和规划。2021年12月，省市场监管局印发了《贯彻落实〈国家标准化发展纲要〉责任分工方案的通知》（川监管发〔2021〕92号），文件提到，打造共建共治共享标准化社会治理格局，制定完善省级政务云、公共支撑平台、电子政务网络等数字政府基础设施标准，推动一体化政务服务技术标准化体系建设，推进"一网通办"和"互联网+监管"标准化运行；打造川渝标准化发展高地，推动"川渝标准"共商、共建、共享，共同起草、发布、实施一批高质量的"川渝标准"。

4.2 标准化建设主体

大数据标准化建设的主体一般包括标准化主管部门、大数据主管部门（单位）、大数据研究机构、大数据社会团体、大数据企业等。就四川省而言，省市场监管局负责统筹推进我省大数据标准化工作；省大数据中心作为大数据主管单位和省大数据标委会秘书处所在单位，全面负责推进全省大数据标准化建设；各大数据研究结构、大数据社会团体、大数据企业是大数据标准化建设的技术资源，共同参与大数据标准化建设，大数据社会团体可以组织开展大数据团体标准编制工作。

长期以来，四川省大数据标准化工作大多是政府包打天下的主体一元化模式，标准从计划立项到发布实施都是政府主导。以四川省已发布实施的地方标准为例说明。

表4-1 四川省现行大数据地方标准起草情况

序号	标准号	标准名称	归口单位	起草单位
1	DB51/T 1625-2013	政务服务中心 电子政务大厅数据接口规范	四川省人民政府政务服务中心	四川省标准化研究院、四川省人民政府政务服务中心
2	DB51/T 1934-2014	地理信息公共服务平台 数据接口规范	四川省测绘地理信息局	四川省基础地理信息中心

序号	标准号	标准名称	归口单位	起草单位
3	DB51/T 1935–2014	地理信息公共服务平台 服务接口规范	四川省测绘地理信息局	四川省基础地理信息中心
4	DB51/T 1936–2014	地理信息公共服务平台数据规范 第1部分：矢量数据	四川省测绘地理信息局	四川省基础地理信息中心
5	DB51/T 1984–2015	城市公共信息平台接口规范	四川省经济和信息化委员会	成都边界元科技有限公司、成都工业学院、四川省高科技产业化协会
6	DB51/T 2277–2016	城镇地下管线普查数据规定	四川省测绘地理信息局	国家测绘地理信息局地下管线勘测工程院、成都理工大学、四川省住房和城乡建设厅信息中心、四川国测地下空间信息科技有限公司、成都市规划信息技术中心、四川省测绘产品质量监督检验站、攀枝花市城市地理信息中心
7	DB51/T 2280–2016	地理信息公共服务平台数据规范第2部分：地理实体数据	四川省测绘地理信息局	四川省基础地理信息中心
8	DB51/T 2281–2016	地理信息公共服务平台数据规范第3部分：地名地址数据	四川省测绘地理信息局	四川省基础地理信息中心
9	DB51/T 2400–2017	城市信息资源标识编码规范	四川省经济和信息化委员会	成都工业学院、成都边界元科技有限公司、四川省高科技产业化协会
10	DB51/T 2441–2018	房屋地址信息规范	四川省公安厅	四川省公安厅、四川省民政厅、成都市标准化研究院
11	DB51/T 2448–2018	"多规合一"空间数据整理及建库技术规程	四川省测绘地理信息局	国家测绘地理信息局第六地形测量队、四川省第二测绘地理信息工程院、成都市规划信息技术中心、中国科学院·水利部成都山地灾害与环境研究所、四川省环境保护科学研究院、四川省经济发展研究院

续表

序号	标准号	标准名称	归口单位	起草单位
12	DB51/T 2508–2018	社区公共服务综合信息平台技术规范	四川省民政厅	成都市标准化研究院、四川智能信息处理技术研究中心、四川省民政厅、成都市民政局
13	DB51/T 2656–2019	政府信息主动公开基本目录编制规范	四川省人民政府办公厅	四川省人民政府办公厅
14	DB51/T 2693–2020	地理空间政务数据资源目录规范	四川省测绘地理信息局	自然资源部四川基础地理信息中心
15	DB51/T 2694–2020	地理信息公共服务平台数据规范第4部分：导航电子地图数据	四川省测绘地理信息局	自然资源部四川基础地理信息中心
16	DB51/T 2741–2020	四川社会信用信息平台建设规范	四川省发展和改革委员会	四川省大数据中心
17	DB51/T 2847–2021	四川省政务信息资源目录编制指南	四川省大数据中心	四川省大数据中心数据资源管理处、信息产业电子第十一设计研究院科技工程股份有限公司
18	DB51/T 2848–2021	四川省公共数据开放技术规范	四川省大数据中心	四川省大数据中心数据资源管理处、信息产业电子第十一设计研究院科技工程股份有限公司、浪潮软件股份有限公司
19	DB50/T 10001.4–2021 DB51/T 10001.4–2021	智慧高速公路 第4部分：车路协同系统数据交换	重庆市交通局、四川省交通运输厅	四川数字交通科技股份有限公司、蜀道投资集团有限责任公司、交通运输部公路科学研究所、重庆高速公路集团有限公司、招商局重庆交通科研设计院有限公司、中铁长江交通设计集团有限公司
20	DB51/T 2897–2022	四川省现代农业园区数字农业建设技术规范	四川省农业农村厅	四川省农业农村厅信息中心、四川省农业科学院遥感与数字农业研究所

序号	标准号	标准名称	归口单位	起草单位
21	DB51/T 2930–2022	四川省广告监测监管数据规范	四川省市场监督管理局	四川省市场监督管理局广告监管处、四川省市场监督管理局信息中心、成都市标准化研究院、成都市市场监督管理局、内江市市场监督管理局、宜宾市市场监督管理局、眉山市市场监督管理局、浙江省广告监测中心、北京中视亚信科技有限公司、成都易播科技有限公司
22	DB51/T 10002–2022	公共信息资源标识规范	四川省大数据中心、重庆市大数据应用发展管理局	四川省大数据中心、成都边界元科技有限公司、重庆知行宏图科技有限公司、成都工业学院、重庆市大数据应用发展管理局、四川福帆科技有限公司、成都四方伟业软件股份有限公司、数字重庆大数据应用发展有限公司、四川集广益大数据有限公司、重庆市质量和标准化研究院、四川省标准化研究院、重庆大学、国家移动互联网软件产品质量检验中心、成都市标准化研究院、重庆市住房公积金管理中心、重庆亚德科技股份有限公司、重庆工商职业学院、重庆亿比特大数据研究院有限公司、中科知行宏图科技有限公司
23	DB51/T 2941–2022	"天府通办"政务服务平台技术规范	四川省大数据中心	四川省大数据中心政务服务技术处、中国电信股份有限公司四川分公司、大汉软件股份有限公司、成都工业学院
24	DB51/T 2942–2022	四川省一体化政务服务平台电子证照应用规范	四川省大数据中心	四川省大数据中心政务服务技术处、中国电信股份有限公司四川分公司、浪潮软件股份有限公司、成都工业学院

序号	标准号	标准名称	归口单位	起草单位
25	DB51/T 2943—2022	四川省一体化政务服务平台系统接入规范	四川省大数据中心	四川省大数据中心政务服务技术处、中国电信股份有限公司四川分公司、成都工业学院、中通服创立信息科技有限责任公司、大汉软件股份有限公司、浪潮软件股份有限公司、四川省数字证书认证管理中心有限公司、四川国科安华信息技术有限公司
26	DB51/T 2954—2022	政府网站统一信息资源库技术规范	四川省大数据中心	四川省大数据中心、四川省标准化研究院
27	DB51/T 3056—2023	政务数据 数据分类分级指南	四川省大数据中心	四川省大数据中心数据资源管理处、北京启明星辰信息安全技术有限公司、信息产业电子第十一设计研究院科技工程股份有限公司、中国电子系统技术有限公司、浪潮软件股份有限公司
28	DB51/T 3057—2023	四川省政务信息系统建设指南	四川省大数据中心	四川省大数据中心、成都市标准化研究院
29	DB51/T 3058—2023	政务数据 数据脱敏规范	四川省大数据中心	四川省大数据中心数据资源管理处、北京启明星辰信息安全技术有限公司、信息产业电子第十一设计研究院科技工程股份有限公司、中国电子系统技术有限公司、浪潮软件股份有限公司
30	DB51/T 3060—2023	四川省政务信息化后评价指南	四川省发展和改革委员会	四川省数字经济研究中心、四川省发展和改革委员会数字经济发展处、四川省人民政府电子政务办公室、西南交通大学、电子科技大学、四川大学

注：以表3-2四川省现行大数据地方标准为例说明，归口单位及起草单位数据来源于地方标准信息服务平台（https://dbba.sacinfo.org.cn/）。

　　表4-1显示，现行地方标准起草单位多数由政府、科研机构起草编写，缺乏企业参与、多元合作的共创模式，这是标准化长期实行计划经济模式运转的必然后果。长期以来，标准化工作市场化程度很低，企业主体地位没有充分体现。当市场经济发展到今天，政

府意识到已经不能包办一切、并提出企业应是标准化主体的时候，作为市场主体的企业在标准化方面还远未成为主体。大部分企业标准化意识较薄弱，对标准的认识仍停留在"政府制定、企业执行"的水平上，标准参与活力不足，没有认识到标准是工业经验、科技成果和专家智慧的集合，没有认识到标准化对提高企业竞争力的作用，而将标准视为束缚企业的紧箍咒。同时，四川省大数据相关部门在开展标准化的宣传、示范推广力度明显不足，标准使用方对各自领域大数据标准了解不清、不深、不多，标准的修改和发布等信息渠道不畅通，实施标准还不能成为市场主体的自觉行动；宣传普及率不高，标准化培训工作往往只采取短期、适时、小范围等方式进行，对相关方面的宣传培训工作开展较少，导致对标准化的概念普遍认识不清、作用理解不透，思想认识上还存在许多误区。

四川省大数据标准化建设工作，总体而言可以分为两个阶段，分界点是省大数据标委会获批成立。省大数据标委会成立前，全省大数据标准化工作基本处于"散打"状态，标准建设领域分散、建设数量较少。省大数据标委会成立后，全省大数据标准化逐步进入有序建设阶段，省大数据标委会凝聚了全省大数据标准化建设优质技术力量，研究制定四川省大数据标准化框架体系，制定标准化建设三年行动计划，按照框架体系和行动计划，大数据标准化建设取得了良好进展。在标准化建设领域方面，着眼于推进夯实数字政府标准，夯实数字政府建设基础，目前由省大数据中心归口管理的已发布和立项28个地方标准中，有25项属于数字政府领域。在标准化建设范围方面，发布实施首个数据领域川渝区域标准《公共信息资源标识规范》，并全力推进该标准在川渝区域的应用试点工作。在团体标准建设方面，引导鼓励社会团体、大数据企业积极参与标准建设。

4.3 标准研制情况

标准建设作为经济社会高质量发展的基础技术支撑，标准研制数量、质量、方向决定了标准建设的总体水平。目前，四川省大数据标准建设在数量规模和质量效益都有较大的提升空间。

4.3.1 标准建设数量

四川省大数据标准研制进度较慢、数量较少。以我国大数据领域相关地方标准举例说明，除甘肃省外，全国其他省（区、市）都发布实施数据地方标准（表4-2所示），四川省地方标准数量排在全国前列，但与数量更多的山东、江苏等地相比，差距较大。

表4-2　全国各省（区、市）数据地方标准发布情况

序号	省（区、市）	地方标准个数	序号	省（区、市）	地方标准个数
1	山东省	75	17	江西省	16
2	江苏省	74	18	辽宁省	16
3	浙江省	69	19	上海市	15
4	黑龙江省	51	20	陕西省	14
5	安徽省	45	21	河北省	8
6	贵州省	37	22	吉林省	8
7	四川省	35	23	青海省	8
8	北京市	30	24	云南省	8
9	山西省	28	25	新疆维吾尔自治区	8
10	广东省	27	26	天津市	7

序号	省（区、市）	地方标准个数	序号	省（区、市）	地方标准个数
11	内蒙古自治区	26	27	广西壮族自治区	4
12	河南省	25	28	西藏自治区	4
13	重庆市	24	29	海南省	2
14	湖北省	22	30	宁夏回族自治区	1
15	福建省	20	31	甘肃省	0
16	湖南省	19		合计	726

注：表内数据来源于全国标准信息公共服务平台（https://std.samr.gov.cn/）。以数据、信息、系统、互联网、平台、数字、智慧、12345、电子政务为关键词进行查找分析，收录数据领域地方标准。此表中四川省地方标准总数与本书表3-2及表3-3总数不一致，原因在于数据更新有时延及收录口径有差别。

在团体标准建设方面更是不足（详见表2-12、3-1、3-4），由于数据领域缺乏影响力大的社会团体，市场主体参与团体标准力量建设严重不足，近几年我省团体标准数量仅相当于先进省份的零头。团体标准数量名列前茅的北京、广东、上海，能够查询到的团体标准数量分别是475个、382个、315个。四川省虽位居第11位，但团体标准数量仅为32个，这与我省经济大省的地位极为不符合，也从侧面说明了我省数字经济主体活跃度不高、竞争能力不强。标准进展较慢、数量少的现状不利于我省数据发展效率提升，不利于我省加快推进数字四川建设的战略部署，不利于推进四川省经济社会高质量发展。

4.3.2 标准建设质量

在建设水平方面，四川省尚未有地方标准转化上升为国家标准、国际标准，数据领域川渝区域地方标准也仅有2项，另有3个还在起草阶段。在建设结构方面，四川省目前出台地方标准中缺少基础性原创性标准，部分数据标准的可操作性不强或更新较慢，难以有效指导实践。在质量保障方面，由于存在标准未经过普遍和充分验证就将结果运用到实践、缺乏完善的机制和手段保障标准贯彻实施、标准实施未建立及时准确的信息反馈机制等问题，导致标准质量缺乏有效保障。

4.3.3 新质新域标准建设

从2012年大数据元年至今已十余年，大数据悄然改变着我们的学习、生活和思维方式，然而与大数据密切相关的区块链、元宇宙等新兴技术领域的标准化建设仍有巨大的缺口。新质新域标准难以落地，一定程度上约束了新质新域产业技术的发展进程，导致新质新域发展能力不足。

大数据融合传统领域标准不能支撑传统领域数字化改革。大数据本身具备的包容性和非排他性使得其可以与现存的各领域深度融合，并带动传统行业的转型升级和新型行业的拓展深化。但在实践的过程中，大数据分析需要广泛应用python、SQL等分析软件，传统企业员工缺乏数据分析能力，使传统行业大数据改造困难，而复合型人才的紧缺也加大传统行业与大数据的融合难度。并且对于不同的行业和领域，具体的数据采集和分析，以及模型提取和应用的方法可能完全不同，也不利于统一培训课程的设立，最终造成大数据与传统领域的融合创新度并不理想。

对于与大数据结合相对紧密的区块链、云计算、元宇宙和5G通信等行业，又面临着缺乏标准的壁垒。例如对于区块链技术来说，国内发布的与区块链相关的标准数量较少，区块链标准尚未形成体系，在国内尚未建设统一的区块链标准支撑，截至2022年，我国尚未发布区块链国家标准，仅有3个国家标准等待批准；而与区块链有关的地方标准仅为27个，其中，四川省直到2022年才启动首个区块链地方标准的撰写工作，地方标准实施效果也有待验证。

与此同时，由大数据、区块链、人工智能等新兴技术驱动的元宇宙在标准化建设上更是差强人意。2022年以来，超过20个城市地区以产业政策、政府工作报告、行动计划等形式释放了对元宇宙在地方发展落地的支持，元宇宙相关的产业建设在多个地区开展得如火如荼，但并没有一套完整的标准和标准化方法，各大设备制造商和平台在建设元宇宙时都有自己的专有数据，各参与方无法达成一个标准和共识，元宇宙标准化建设缺口仍待补足。

4.4 标准人才供需情况

四川省大数据标准化人才供需矛盾较大，由于不能有效对接人才需求侧的真实需求，人才供给侧与需求侧相对脱节，导致人才供给与大数据标准化行业需要的人才类型、能力素养、层次结构等不相匹配，从而出现人才供不应求、供大于求或供需错位的矛盾，主要体现为供需结构错位、供需类型错位、供需能力错位三种。其中，供需结构错位是供给结构与需求结构不相吻合、不相对应而出现的结构性偏差；供需类型错位是指人才供给类型与大数据标准行业需求类型不匹配，与社会需求类型脱节；供需能力错位是指由于知识结构体系局限、专业视野限制等原因，人才的能力难以对应需求方大数据标准行业的要求，产生能力偏差。

4.4.1 标准人才需求分析

从标准化人才需求的角度来说，《国家标准化发展纲要》发布以来，各地的贯彻实施文件都强调加强标准化人才培养和建设，使标准化实现全域化和全链条转变，对标准化人才的数量和质量都提出了新的要求。以"Boss直聘"披露数据为例，2023年2月间，四川省大数据标准化相关岗位招聘人数300余个，并细分为开发、分析、运营、管理等多个岗位，需求规模庞大，需求岗位多样化。但大数据标准化通常需要懂标准、懂技术的综合性人才，对技术和知识储备都有较高要求，因此尽管川内高校毕业生人数庞大，但能承担大数据标准化行业工作的人才较少，存在着较大的人才缺口。

4.4.2　标准人才供给分析

从标准化人才供给的角度来说，我国高校标准化人才培养数量不多且质量欠缺。在专业设置方面，根据教育部公布的数据显示，截止2022年，全国高校共计3012所，但仅有35所高校被批准设立"数据科学与大数据技术"专业，占高校总数的1%，其中在高校数量众多以及大数据更发达的江浙沪、珠三角、京津冀一带，设立大数据相关专业的高校数量较多，但仍与需求不成正比；相比而言，包括四川省在内的部分省（区、市）并无高校设立大数据相关专业，大数据人才的培养速度大幅度落后于大数据本身。国内也没有高校设置"大数据标准化"有关专业，这一定程度限制了大数据标准化的发展。在人才培养方面，标准化人才培养是一个创新发展的过程，不仅要求塑造人才的知识体系，而且需要将相关产业知识与产业实践融合到教学过程当中。但由于我国缺乏完善的标准化人才培养机制，相关教育中的理论与实践课程脱节，以及普遍存在着重理论轻实践教学的实际问题，这使得我国标准化人才培养与实践脱节。另外人才培养定位不清晰、相关教学软硬件条件配置不足，不能为标准化人才融入管理、技术、实践操作方面的教育，也影响了我国标准化人才培养的有效性，不利于我国标准化人才全面成长。

4.5 国家重点标准推广应用情况

　　近年，国家发布了一系列大数据领域标准，在指导各地大数据技术应用开展方面具有重要意义。以数据管理能力成熟度评估模型（Data Management Capability Maturity Assessment Model，简称DCMM）（GB/T 36073–2018）为例，它是我国首个数据管理领域的国家标准，由国家质量监督检验检疫总局、国家标准化管理委员会于2018年3月正式发布。该标准给出了数据管理能力成熟度评估模型以及相应的成熟度等级，定义了数据战略、数据治理、数据架构、数据应用、数据安全、数据质量、数据标准和数据生存周期等8个能力域，描述了每个能力域及能力项的功能、目标和能力等级标准，是我国数据管理领域最佳实践的总结和提升。

　　实施近5年以来，全国已经评了17批次，共676家企事业单位获得数据管理能力成熟度等级证书，其中山东、河北、江苏三省均有超100家单位获得证书，而我省只有4家单位（联通（四川）产业互联网有限公司、成都四方伟业软件股份有限公司、四川铁投信息技术产业投资有限公司、成都德辰博睿科技有限公司）获得证书，占全国的比例仅0.6%。从能力等级标准来看，我省评审级别较低，仅有二级和三级各2家，通过DCMM4级及以上级别最多的是北京、广东、上海，分别有12家、8家、3家，其中北京、广东各有1家通过DCMM5级，分别是国家电网有限公司和华为技术有限公司，详见表4–3。

表4-3 各省（区、市）获得数据管理能力成熟度等级证书数量统计表（前十七批次）

省（区、市）	DCMM1级	DCMM2级	DCMM3级	DCMM4级	DCMM5级	小计
山东省	0	127	17	1	0	145
河北省	2	113	16	2	0	133
江苏省	12	74	22	2	0	110
天津市	0	60	5	1	0	66
北京市	0	8	19	11	1	39
浙江省	0	28	8	1	0	37
广东省	0	6	15	7	1	29
山西省	2	14	8	1	0	25
贵州省	0	8	10	2	0	20
陕西省	0	13	3	1	0	17
上海市	0	7	5	3	0	15
河南省	0	5	0	1	0	6
重庆市	0	2	3	0	0	5
广西壮族自治区	0	2	1	1	0	4
四川省	0	2	2	0	0	4
湖北省	0	3	1	0	0	4
福建省	0	0	3	0	0	3
湖南省	0	1	1	1	0	3
云南省	0	1	1	0	0	2
新疆维吾尔自治区	0	0	1	1	0	2

省（区、市）	DCMM1级	DCMM2级	DCMM3级	DCMM4级	DCMM5级	小计
西藏自治区	1	0	1	0	0	2
黑龙江省	0	0	1	0	0	1
甘肃省	0	0	1	0	0	1
安徽省	0	1	0	0	0	1
青海省	0	1	0	0	0	1
江西省	0	0	1	0	0	1
合计	17	476	145	36	2	676

从表中可以看出，有些省份积极组织、开展国标的本地化实践，由于组织统筹缺乏、市场主体内生动力不足等问题，我省对国标的推广执行力度仍需加强。主要原因一是政府引导不足，我省省级层面对DCMM获得等级并无明确资金支持，仅成都市对通过DCMM认证的单位，可一次性给予10万元奖励，成都天府新区对首次获得DCMM三级、四级、五级的软件企业，分别给予10万元、20万元、30万元一次性奖励，其他市（州）则无资金支持。而重庆市则对获得DCMM二级、三级、四级分别奖励20万元、30万元、50万元。二是市场主体内生动力不足，企业没有充分认识DCMM测评对其本身数据管理能力提升及企业实力提升的价值，尚未做好进行DCMM测评的准备。

5 四川省大数据标准化建设展望

5.1 完善大数据标准化顶层设计

为贯彻落实中共中央、国务院印发的《国家标准化发展纲要》，各省（区、市）相继印发责任分工方案。四川省市场监管局《关于印发贯彻落实〈国家标准化发展纲要〉责任分工方案的通知》提出，做大做强省级专业标准化技术委员会，构建推动高质量发展的标准体系，到2035年，适应省情、协调兼容、区域联通、接轨国际、核心技术指标先进和引领带动作用突出的先进标准体系更加健全。推动国家和省关于标准化建设的战略思路和举措加快落地，省大数据标委会作为四川省级标准化技术组织，需不断健全完善大数据标准化顶层设计。

5.1.1 持续推进标准化组织建设

建立层次完善、横向联动的标准化组织体系。加强省大数据标委会管理与建设，建立联席会议制度，经常性组织标委会委员开展专题活动。进一步完善标委会委员的增补、退出机制，根据需要按程序对标委会委员进行增补更新，积极吸纳企业成员加入标委会。加强分支机构建设，积极筹建区块链分技术委员会，酝酿数字政府、数字经济、数据要素等工作组筹备成立工作等；探索在市（州）建设标委会分站点，推动省内各地大数据标准化加快建设。制定标委会工作激励机制，多方协调激励资金和政策，充分调动市场主体参与标准化工作的积极性。

5.1.2　构建完善大数据标准体系

坚持全面完善、梯度发展、循序渐进的原则，持续构建完善大数据标准体系，形成稳妥有力、务实管用、运转高效的机制和措施，稳步有序地推进标准化建设工作。要深入贯彻落实党中央国务院关于加强数字政府建设、加快推进全国一体化政务大数据体系建设的决策部署，在国家信息化标准框架体系内，着眼国际前沿，对标国内先进省份和地区，深入研究我省大数据发展优势劣势，充分考虑四川省大数据标准建设实际，形成兼顾当前与长远、具有指导性和可操作性的大数据标准体系，以此为遵循，逐步将大数据标准体系蓝图落实落地，形成涵盖各领域国家标准（国际标准）、地方标准、行业标准、团体标准的，各领域标准梯度发展、有序发布实施的标准体系，充分释放数据要素价值。

5.1.3　搭建标准化支撑服务平台

在信息化发展的今天，各种大数据产品和面向各行业的大数据应用层出不穷，亟须通过搭建体系化的大数据标准化公共服务平台，有效打通数据流通渠道，支撑数字化转型需求，解决大数据管理中的核心问题，形成横向集成、纵向贯通的高效有序的信息流，满足社会各界对信息和数据的标准化需求。相关部门应联合标准化研究院、高校、大数据企业等标准建设力量，共同搭建大数据标准化省级重点实验室、工程研究中心等，建设开发大数据标准化公共服务平台，为标准研制相关单位或人员、大数据系统的数据管理、业务管理以及标准与质量管理单位或人员提供权威统一的平台，推动各参编单位和人员通过平台稳定持续开展大数据标准化工作。

5.1.4 加快编制急需急用的地方标准

按照急用先行原则，重点围绕数据要素、政务数据管理、信息化基础设施建设、数据应用服务等方面推进四川省地方标准编制。编制数据登记、数据交易、数据开放共享、数据分配、数据治理等数据要素流通相关标准，为我省数据要素市场化配置改革提供支撑。编制四川省政务数据目录、数据元、数据分类分级、数据质量管理、数据安全管理等政务数据标准规范，指导全省政务数据有序汇聚治理；编制信息化基础设施建设指南、技术对接规范、基础库主题库建设指引、运行维护指南、安全防护基本要求等平台技术标准，指导全省信息化基础设施规范建设；按照数据共享、数据开放、数据回流等不同业务模式，编制数据服务管理、技术、运营等制度规范，指导全省政务数据高效流通，支撑数字政府建设，服务数字经济和数字社会发展。

5.2 推动重点领域标准化建设

省委十二届二次全会指出，以成渝地区双城经济圈建设为总牵引，以"四化同步、城乡融合、五区共兴"为总抓手，发挥信息化牵引带动作用，加快建设数字四川，推动经济社会信息化转型。大数据作为战略性创新资源，大数据标准化全面融入大数据领域的科技创新、产业发展、绿色发展、城市建设和社会建设，将有利于提升产业技术创新水平、增强各项新质新域产业发展稳定性以及促进各项新兴产业相互融通，促进数字经济与实体经济深度融合。以重点领域大数据标准化为切入点，探索标准化建设路径，总结标准化建设经验，加快推进大数据标准化建设。

5.2.1 加强新质新域产业标准化建设

充分发挥大数据、人工智能、区块链等新兴技术作为现代化创新产业发展主动力的作用，推动各项新质新域产业步入集成创新、快速发展、深度应用、结构优化新阶段，加快提升数据赋能产业发展的能力，推动优势产业高端化、传统产业新型化、新兴产业规模化发展。加快完善"新型工业化""现代服务业""农业现代化"等新质新域产业标准化工作机制，建立跨领域标准化建设合作机制，凝聚省内企业、行业协会、科研机构等各界标准研制力量，重点加快建设智能制造、数字乡村、智慧文旅等产业数字化转型标准。强化新质新域标准宣贯应用，通过大数据、区块链等新技术赋能新型产业，在产业融合的过程中，积极推动新技术领域的标准建设，进一步推进产业发展。加快建立大数据领域的标准必要专利制度，推动建立标准与知识产权联动工作机制，探索建立科技成果转化为标准的服务体系。

5.2.2 提升成渝地区双城经济圈大数据标准化协同推进能力

贯彻成渝地区双城经济圈发展战略，川渝两地标准化建设部门和组织要密切合作，加快推进川渝两地大数据标准共建共享、发布实施，有序推进川渝数据标准共建互认、互认互通。加快推进DB51/T 10002—2022《公共信息资源标识规范》的宣贯、推广利用，在条件成熟区域迅速铺开试点工作。推动《川渝政务数据风险评估指南》等川渝区域标准立项，引导组织一批川渝区域地方标准加快开展前期研究，进入标准立项阶段。以成德眉资大数据标准化工作为先手棋，充分发挥海量数据和丰富应用场景优势，加强数据标准在成德眉资区域落地验证和实施，打造川渝两地标准化建设的示范案例和标杆区域。

5.2.3　建立健全数字政府建设标准

按照标准规范一体化要求，构建国家标准、行业标准、地方标准有效衔接的数字政府建设标准体系，形成数字政府建设地方标准清单。完善标准规范落地推广机制，标准发布的同时配套制定出台标准实施方案，推动依据相关标准规范建设完善政务数据平台，提高数据管理能力和服务水平。结合我省政务数据资源管理现状，加快推进政务数据资源管理能力评估，助力全省整合构建标准统一、布局合理、管理协同、安全可靠的一体化政务大数据体系，为数字政府建设提供坚实的标准支撑。定期对标准执行情况开展符合性审查，强化标准规范实施绩效评估，充分发挥全省数字政府建设标准支撑作用，提高政府决策科学化水平和管理服务效率，催生经济社会发展新动能。

5.2.4　探索推进数据要素标准建设

配合我省数据要素市场化配置改革推进进度，持续完善数据要素流通重点领域标准研究，为激活数据要素价值提供技术支撑。推进我省深度参与数据登记、数据交易、数据开放共享、数据分配、数据治理等重点领域国家标准研制。在标准研制过程中，聚集一批具备数据治理服务、数据评价服务、价值评估服务、数据金融服务等数据要素企业，形成全省的典型示范效应，基于典型实践做好地方标准与国家标准的研制联动。

5.3 优化大数据标准供给结构

充分调动企业、科研院校作为市场主体在标准活动化中的积极性，更好地将标准化工作与技术研究和产业发展、市场应用相结合，并在此基础上逐步实现标准化工作由国内走向国际。

5.3.1 用标准化为科技创新保驾护航

通过将标准化、产业化理念灌输到研发创新，减少科技创新的不确定性，让更多企业与资本有能力、有意愿参与创新；通过标准、专利等保护机制，确保创新者保护知识产权的同时亦能形成对社会有益的多赢机制，维护持久的创新驱动力。完善科技成果转化为标准的评价机制和服务体系，推进技术经理人、科技成果评价服务等标准化工作。加强标准制定过程中的知识产权保护，促进创新成果产业化应用。

5.3.2 用标准化协调市场主体活动

要打破边界，加速市场主体开源工作与标准工作的协同创新；推动开源社区建立标准化机制，鼓励标准的开源实现，共筑开放和维护开源社区产业生态。同时，要调动市场主体对标欧美等先进国家，采用数字化等高新技术不断革新标准化工作方式、提升标准化效率与质量、缩短标准制定周期。

5.3.3　着力加强团体标准建设

找准团体标准的制定需求，紧密围绕新技术、新产业、新业态、新模式，广泛吸纳生产、经营、管理、建设、消费、检测、认证等相关方参与，充分发挥技术优势企业作用，制定原创性、高质量的团体标准，填补标准空白。鼓励相关团体标准组织围绕产业链供应链需求，联合制定团体标准。鼓励团体标准组织建立标准制定、检验、检测、认证一体化工作机制，推动团体标准在招投标、合同履约等市场活动中实施应用，打造团体标准品牌。大力开展团体标准宣传，提高社会对团体标准的认知度与认可度，开展团体标准应用示范工作。建立培优团体标准组织库，选择具备能力的团体标准组织进行培优。建立对培优团体标准组织工作绩效的科学考核评估机制，形成有进有出的动态调整机制，培养一批优秀的团体标准组织，发挥标杆示范作用，带动团体标准化工作水平整体提升。

5.3.4　鼓励引导市场主体参与国际标准化工作

在"开放、公平、公正"的理念，鼓励四川省市场主体积极参与国际标准化研究、制定、宣贯、推广、实施等工作，由易及难，以标准宣贯、推广为抓手，逐步参与数据产权、流通交易、收益分配、安全治理等方面的标准研究、制修订工作，提升市场主体的国际影响力。培育创建立足四川省的国际性标准与产业组织，扎实做好服务于此类新创组织的团体标准制度建设与过程管理。

5.4 加强标准宣传推广应用

标准的生命力和价值在于宣传和推广应用，当前我省标准重研制修订轻宣贯的现象仍一定程度存在，加快改变这一现状，实现从"有好标准"到"用好标准"的转变，切实发挥标准对于数字四川建设的带动作用。

5.4.1 完善标准规范落地推广机制

研究制定出台政务数据标准实施方案，依据相关标准规范建设完善政务数据平台，提高数据管理能力和服务水平，指导各市（州）、各部门推进实施数据标准。省大数据标委会定期对标准执行情况开展符合性审查，强化标准规范实施绩效评估，充分发挥地方对全国一体化政务大数据标准体系有效补充作用。

5.4.2 探索开展国家标准贯标试点

当前部分地区和部门对标准规范实施推广、应用绩效评估等重视不足，导致一些标准规范形同虚设。省大数据标委会应加强国家标准、行业标准贯标执行和推广力度，在国家相关机构指导下，联合省内科研事业单位、行业协会等在我省开展开放共享系列国家标准试点、数据资产评估试点等工作，研究构建相关贯标工具集，落实相关标准符合性测试及贯标工作；创新性探索基于DCMM的政务数据管理能力成熟度评估（GDCMM）标准实施工作。

5.4.3 组织开展系列大数据标准化活动

着力宣传推广川渝区域地方标准和四川地方标准、团体标准，开展全省大数据标准宣贯、培训活动以及省大数据标委会全体会议，同时，积极参与国家大数据标准研制和国家标准化培训，加强与兄弟省份大数据标委会和省内其他行业标委会的交流合作，不断加强标准执行推广力度。

5.4.4 发动各类媒体资源加大宣传力度

密切联系国家及四川主流媒体，及时报道大数据标准化工作进展、成果、成效、典型案例等。定期搜集标准化创新发展重点成果，提炼经验做法，宣传推广企事业单位的经验做法，提高社会各界对标准化工作的认知。做好大数据标准工作动态，争取创办大数据标准刊物，同时建立大数据标准数字化出版机制，增大知识传播载体的竞争力。

5.5 加大标准化人才培养力度

加快落实国家和省标准化人才建设战略，构建多层次、多模式的标准化人才培养体系，切实提升标准化人才的供给。

5.5.1 构建多层次从业人员培养培训体系

加快开展标准化专业人才培养培训和国家质量基础设施综合教育。进一步加强标准化人才队伍建设，推动将大数据标准化纳入普通高等教育、职业教育和继续教育，开展大数据专业与标准化教育融合试点工作。建立健全标准化领域人才的职业能力评价和激励机制，提升科研人员标准化能力，充分发挥标准化专家在科技决策咨询中的作用，加强基层标准化管理人员队伍建设。

5.5.2 建成专业链、人才链为基础的标准化创新人才培养机制

突破专业、人才培养发展机制的阻力障碍，搭建多元开放的标准化人才培养体系，根据不同层次创新型标准化人才的需求，推动各类主体参与到标准化人才的培养教育工作当中。建立起标准化人才的孵化器，实现标准化教育与各产业发展的无缝对接，在标准化人才培养中贯彻行业意识，促进学科标准化人才培养教育的创新，在学科背景下不断把产业链发展的前延融入行业标准化人才培养当中。

5.5.3 建设标准研究领域人才认定、评级体系

进一步加大标准化工作纳入专业职称申报评审体系的力度，探索打破职业技能评价与职称评审界限，积极推动大数据标准化专业纳入大数据人工智能职称序列。在推行各职称系列、相关专业职业资格转换申报基础上，进一步贯通高技能人才与专业技术人才发展通道。

5.5.4 加强人才培养对外合作

谋划筹建四川省大数据标准化研究中心，采取结合工作实际开展技术研发的方式，与多家国内外知名科研院校进行人才和科研合

作，并组织工作人员参加标准化大讲堂、标准化人才培训班等，对加快产业转型升级、推进标准化创新发展起到支撑作用。

5.5.5　推进培养中高端国际标准化人才

依托国际标准化人才培训基地（成都），充分联动、凝聚西部乃至全国其他城市的标准化技术力量，开展大数据国际标准化交流合作，提升国际标准化工作水平，积极推进培育懂专业、懂标准、懂规则并具有国际视野的"标准化+专业领域"复合型人才，更好地服务大数据产业创新发展，更好地为服务经济社会高质量发展作出积极贡献。

6 案　例

6.1 基础支撑篇

6.1.1 公共信息资源标识标准、平台和应用

6.1.1.1 项目背景

2020年以来，国家先后发布《关于构建更加完善的要素市场化配置体制机制的意见》（中发〔2020〕9号）、《要素市场化配置综合改革试点总体方案》（国办发〔2021〕51号）、《构建数据基础制度更好发挥数据要素作用》（中发〔2022〕32号）等文件，将数据与资本、劳动力、土地、技术并列为五大要素，并大力推进数据要素市场化配置改革。

相比传统要素，数据所具有的易复制、易传播、易篡改特征，以及规模化采集、自动化处理、智能化应用趋势，使数据要素市场化工作必然面临权属更为复杂、保护更加困难的挑战。特别是在政务服务、社会运转和经济运行过程中，由政府依法采集、企业依法公开或公共事业单位依法运营的公共信息资源，构成了数据要素市场化配置改革中的核心资源，必然成为数据要素确权和流通的

重点。

2022年，由四川省大数据中心、重庆市大数据应用发展管理局提出并归口，成都边界元科技有限公司联合川渝两地大数据领域的研究、开发、应用、管理机构，共同完成了数据领域首个川渝区域地方标准DB50/T 10002—2022、DB51/T 10002—2022《公共信息资源标识规范》，为数据要素颁布了跨省通用的"数据身份证"。

6.1.1.2　项目功能

本项目遵循国家"数据要素市场化"的指导方针，针对我国在数据要素标识、确权、评估、流通、服务方面的迫切需求，依据相关国家标准、川渝区域地方标准，建设由七大核心系统、两大支撑系统构成的数据要素市场化平台。

基于这一平台，本项目开展数据要素标识与确权服务，发布多省共认、跨省通用的数据要素身份证，并面向社会各界提供检索类、评价类、分析类、生态类的运营服务，形成数据要素的新经济服务模式。

平台打通数据要素生态链，通过将数据价值注入产业数据流通各环节，帮助传统产业实现数据价值提升，提升数据要素市场化水平。平台为各地大数据主管部门、城市大脑、各类智慧城市应用和数字经济应用提供跨省通用的数据要素标识和服务支撑，创建要素市场化配置改革试点和数字经济示范。

6.1.1.3　关键技术

多中心协议互认和共识验证技术。针对大规模、大范围数据要素流通中的数据标识和权利流转需求，本项目以区块链技术为基础，进一步研究解决了协议互认、异步交易、跨链信任等技术难题。

异构隐私计算技术。平台采用开放性的接入架构，各节点可以采用不同的隐私计算平台。为保障这些技术路径、认证体系、算子算法均不同的平台之间的数据流通，本项目采用最小计算原语技术，完成异构隐私计算平台原语层次的互联互通。

机器自动赋权技术。与专利、著作权等其他无形资产相比，数据要素的确权与流通规模将高6个数量级，传统的人工申请、登记、审核、颁证方式完全无法胜任。本项目提供智能赋权、自动确权的能力，将人工工作量降到最低，使数据要素流转真正能够落地。

信创适配的国密中间件。本项目自主研发了国密中间件，并通过了与国产芯片、国产操作系统的信创适配，通过边缘实时网络融合，提供数据加密脱敏等安全防护。

6.1.1.4　建设成效

目前，该项目已经在政务数据治理、信用数据分析、产业数据存证等方面开展了一系列应用，通过破解数据权属难题，完成向应用层的数据价值供给，从而赋能两化融合、智慧城市和数字经济发展，具体成效包括以下几个方面：

通过建立权威的数据要素标识，为数据要素流通奠定最重要的一块基石，使数据资产得以跨城市互认，流通半径、交易规模、社会经济效益得以提升。

建立数据价值评估的科学、合规体系，为数据市场监管提供价值参照，防止不正当竞争和资产折损与流失。

面向社会各界提供各类数据运营服务，形成数据要素的新经济服务模式，为经济复苏创造新的增长点。

（案例提供：成都边界元科技有限公司）

6.1.2 标准化助力基层市域治理数字化转型应用

6.1.2.1 项目背景

当前，基层行政管理有着众多的信息化应用系统，但普遍存在事件流转不畅、处置流程不一、履职效率低下等问题，痛点和堵点表面是在"线上"渠道的智能性不够，根源是在"线下"的"条状"管理体制机制不畅。创意信息技术股份有限公司（以下简称创意信息）开展智慧治理体系建设的未来价值取向，是推进行政管理和政务服务流程的革命性再造，目的是打造"一网统管""一网通办"相融通的整体性智治体系，具体遵循"四个坚持"：坚持整体性统筹推进的理念，破解行政治理碎片化问题；坚持枢纽式机构执行的理念，破解政策效能抵消的问题；坚持精细化职责管理的理念，破解履职效能不高的问题；坚持智慧化全景应用的理念，破解行政成本较大的问题。

6.1.2.2 项目功能

为解决以上问题，创意信息倾力打造新型城市智慧治理运行管理机制，构建了特有的"三脑协同"治理体系，以GB/T 21063.6—2007《政务信息资源目录体系》与GB/T 31000—2015《社会治安综合治理基础数据规范》为建设标准，通过资源协同管理信息应用系统、行政效能监管业务应用系统、智能化事件流转枢纽中心、融合指挥调度业务系统、数字化赋能减负业务系统等五大应用子系统，实现社会治理要素的高效协同、事件的智能流转、过程的有效监管、突发事件的高效调度以及基层生产力的有效释放。

创意信息设计打造的城市新型智慧治理体系，坚持"内外双循环"驱动的核心原则。"内循环"是借助"数据思维"和"清单思维"，在技术上构建数据中台与业务中台，实现基础数据的全域统筹和事项业务流转的智能高效协同；"外循环"通过融合调度的手段，将原有的单兵系统和群众发现参与渠道纳入其中，体现基层社域治理的"共建共享共治"。

6.1.2.3　关键技术

结合多年政务行业领域深耕的实施交付经验，创意信息在研究城市智慧治理以及基层社域治理两大体系理论的过程中，充分参考并遵循GB/T 33356—2022《国家新型智慧城市评价指标》、GB/T 41150—2021《智慧城市运行模型指南》、GB/T 39477—2020《信息安全技术 政务信息共享 数据安全技术要求》等标准协助多个省、市、地区建设了"三脑协同"的城市运行管理平台、城市体征指数平台以及基层治理精准服务管理平台，实现了基于"放管服"体制下的基层社域治理创新信息化应用，形成了具有地方特色的基层社域治理新模式。

在具体的工作中，创意信息与地方政府共同形成了《业务场景数据赋能体系标准》，服务于数据共享共治和业务应用；协同清单体系打造了1181个业务场景，形成了《城市基层社域治理"三张清单（责任分工清单、公共服务清单和职责任务清单）"体系标准》，可以通过简单配置快速形成智能化事件闭环；形成了基层数据管理共计290张高频关键数据字段表，通过关键字段关联，形成46个《地方城市基层社域治理数据基础库建库标准》，可实现地方数据采集需求的自动化匹配。

平台总体架构如图6-1所示。

推动社会治理要素智"慧"协同。运用数据中台（Spark）、业务中台、自动化数据接入工具（ETL）、自动化大数据分析工具（Storm）以及数据"映射"机制，实现城市基层社域治理"一网统管、一网通办"的目的，结合先进的信息技术手段将人、地、事、物、组织等社会治理关键要素进行有效的统一协同管理，是整个基层社域治理信息系统的核心中枢和底层业务驱动平台。

推动社会治理过程智"慧"监管。建立城市基层"审、管、法"业务协同信息化的基础，实现政府行政管理手段多样化、信息化、可视化，通过部门行政监管、网格巡查、镇街业务承载与群众满意度相结合，对治理事件的全流程进行分类分级考核和督办，通过监管大数据实现履职行为可追溯和问责精细化、精准化。

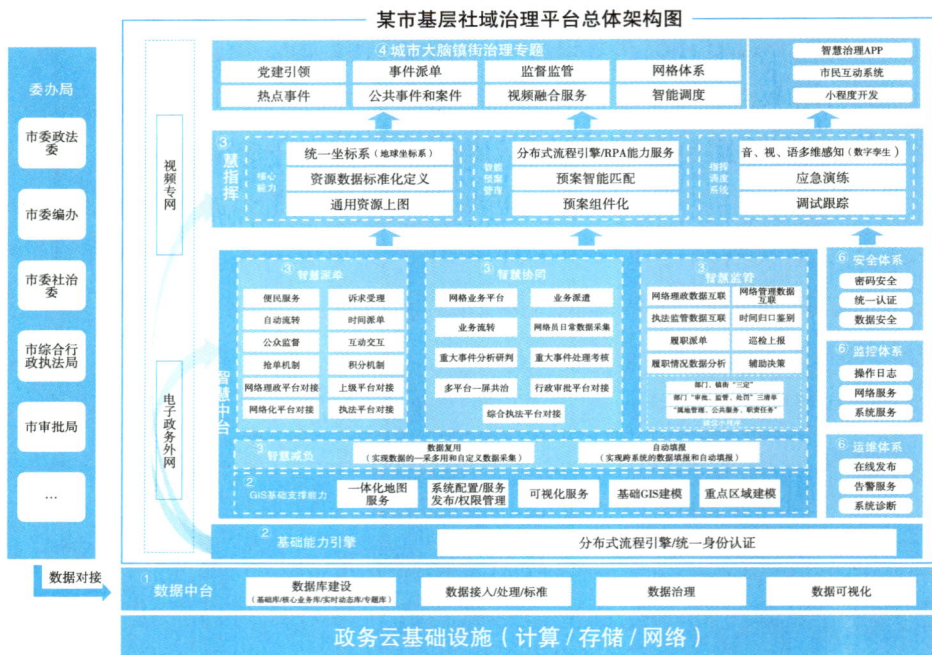

图6-1　某市基层社域治理平台总体架构

推动社会治理事件智"慧"流转。创新融合清单体系与信息技术，实现城市基层社域治理事件流转"一个口子进、一个口子出"的统一管理，运用分布式流程引擎技术，达到提升事件处理流转工作效率、解放基层社域治理生产力的目的。在城市基层社域治理信息系统中，承担了业务场景的呈现和派单事务智能化、自动化流转的能力，前端通过手机App、PC端调度平台连动，完成事件的分层分级管理和流转。

推动突发事件智"慧"调度。基于分布式对象的工作流流程引擎（UFIo）、自动化大数据分析工具（Storm）以及应急预案管理系统，建立了防火、防汛等多业务应急预案标准库，利用事件的上报和续报，形成标准化的条件不断调整并激活对应的应急预案。当应急预案生成后，运用智能AI、5G和GIS技术，让管理人员可以通过事件附近任意范围的锁定，智能化生成周边应急处置资源的一键上图，点击对应的资源图标以后，通过融合通信和即时通信实现快速调度以及现场情况反馈。未来，可以通过录入更多应急局提供的应急预案，快速匹配更多的应急灾害处置场景，实现多灾种应急响应制度化、智能化、快速化。

推动基层工作智"慧"提效。利用系统的资源协同接入的全域数据资源，解决基层工作人员报表填报重复、烦琐、耗时的难题，以数据"一采多用"和"以核代采"理念为核心，解放基层工作人员生产力，无烦忧之乱"心"、无案牍之劳"行"，提高工作效率。

6.1.2.4 建设成效

在四川省范围内，创意信息协助多个地市以及数百个街道建设基层社域治理分中心，将"一屏共治"作为分中心监控、派单、监管以及指挥调度的核心控制中枢，将"多渠道互动"作为人民群众、基层工作人员和镇街治理分中心的信息传递与交互工具，在实际运行过程中，事件处置的完结率和即时率等关键考核指标直接跃升八倍。

通过治理体系标准化工作建设，创意信息建设项目平台实现了基层社域治理"一网统管""一网反馈"，建立了"一张清单体系"，通过权利职责下放，形成了"镇街吹哨、部门报到"新模式。以基层人员、群众为触点，实现"小事不出村、大事不出镇"的治理理念，提升了群众参与度。目前平台已应用于四川、海南、重庆、河北等地，正逐步推广到全国其他省市基层社城治理工作中。

（案例提供：创意信息技术股份有限公司）

6.1.3 以标准化支撑内江"甜城大脑"建设

6.1.3.1 项目背景

近年来，内江抢抓成渝地区双城经济圈、国家数字经济创新发展试验区建设及"东数西算"等重大机遇，以"甜城大脑"省级重点项目为抓手，发挥标准对全市大数据事业发展的引领支撑作用，积极开展标准先行先试，持续强化大数据标准供给能力，推动大数据发展创新成果的标准化和转化应用，初步形成内江市智慧城市标准规范体系，为内江市各级各部门全面推进新型智慧城市和数字政府建设、提高社会治理与服务效能、加快数据经济发展提供有力支撑，形成了可复制、宜推广的"甜城大脑"建设"内江范式"。

6.1.3.2 项目功能

"甜城大脑"作为内江新型智慧城市建设的支撑底座，融合了城市管理、社会服务、数据治理与应用、信息基础支撑及系统平台整合等功能，主要有以下功能板块。大数据管理运营中心（IOC）涵盖领导驾驶舱、城市管理、城市运营等核心功能，汇聚各级各部门数据和业务，为日常管理和突发事件提供决策辅助依据。通过智慧大屏、PC端、App端部署，为城市管理层提供全天候24小时工作平台；市民App、统一互动服务平台提供全市各类应用的统一服务入口，包含政务服务、生活服务、智慧城市服务、一码通城服务等；通过网络协同感知人民群众与广大企业的需求和反馈，将数据智能驱动的治理能力触达到最广泛的人群；业务中台、数据中台、智能AI中台提供数据汇聚、加工、融合、治理、挖掘及可视化展示功能，实现对数据的全生命周期管理和共性业务支撑，并统一对外提供服务，实现跨部门、跨领域、跨层级的数据协同、业务协同、智能协同，支撑多样化的便民服务应用场景，为管理层提供快速、稳定、全面的数据支撑和对城市发展、治理的数字化支撑能力；网络基础平台、政务云计算资源平台、统一视频计算平台、地理信息基础平台是"数字内江"新基建的核心内容，为全市所有应用系统提供网络、信息采集、计算、存储等基础支撑；智能化应用体系融合打造各委办局应用系统，并按照利旧原则，将已建信息系统接入"甜城大脑"，构建以数据共享为基础的集约、联动智慧应用体系。

6.1.3.3 关键技术

标准是智慧城市建设的软性基础和关键技术，"甜城大脑"坚持发挥标准化的基础性、引领性作用，参考国/省及行业标准75项，研制内部标准16项，初步形成内江市智慧城市标准体系。

严格遵守现有标准，率先开展贯标用标。"甜城大脑"的建设过程中，围绕技术指标、数据模型、应用系统开发流程及运维管理等，参考使用了GB/T 32633—2016《分布式关系数据库服务接口规范》等75项标准，并率先实践GB/T 41150—2021《城市和社区可持续发展——可持续城市建立智慧城市运行模型指南》、GB/T 40756—2021《全国一体化政务服务平台线上线下融合工作指南》、川渝区域地方标准DB50/T 10002—2022及DB51/T 10002—2022《公共信息资源标识规范》，通过标准规范的使用推动内江新型智慧城市高水平建设。

着眼建设实际需要，研究制定内部标准。根据"甜城大脑"及各委办局业务系统的实际特性，针对丰富的存量数据格式不统一、利用率不高等共性问题，围绕数据采集、处理、传输及用户访问等，研制内江市智慧城市数据标准规范8项，实现政务数据全生命周期管理；针对地理信息这一基础性、支撑性的关键数据，特别研制内江市智慧城市地理信息标准规范8项，助力建成高融通性、高复用性的标准化地理信息基础平台（见表6-1）。

表6-1　已研制实施的内江市智慧城市标准规范

序号	分类	标准规范名称	序号	分类	标准规范名称
1	数据标准规范	数据接入标准规范	1	地理信息标准规范	地理空间框架基本规范
2		信息代码标准规范	2		基础地理信息数据标准
3		数据清洗管理规范	3		电子地图数据标准
4		数据模型管理规范	4		地名地址数据标准
5		数据开发标准规范	5		空间服务专题分类规范
6		数据接口标准规范	6		空间数据维护与更新规范
7		一数一源管理规范	7		空间服务注册、接口定义标准
8		数据脱敏标准规定	8		空间服务开发标准

6.1.3.4　建设成效

依靠标准化赋能，打造城市大脑建设"内江范式"。运用标准化的建设方法，推动"甜城大脑"各业务板块及各委办局信息系统跨行业、跨层级、跨系统数据融通并业务联动，充分发挥"以数治市"优越性，良好达成了"优政、惠民、兴业"建设目标，成功入选"2021智慧城市十大样板工程""标准化支撑政府数字化转型全国案例50强"，斩获第二届中国新型智慧城市创新应用大赛数字政府类智胜奖，应邀在第二届中国新型智慧城市建设峰会和四川省大数据标准化技术委员会2022年度会议做专题案例分享，多次得到市委、市政府主要领导及省大数据中心主要领导的肯定性批示，初步建成西部地区有代表性和较强影响力的新型智慧城市样板，形成了可复制、易推广、有实效的"城市大脑"建设"内江范式"。

完善标准化体系,总结"立方体标准建设方法论"。参考现有标准75项,研制内部标准16项,初步形成内江市智慧城市标准体系,不仅有效破除技术壁垒和数据烟囱,便于系统平台扩展、对接及整合,促进数据要素更好流通、更好利用,更为新型智慧城市建设贡献"内江标准",帮助其他地市高效解决数据,尤其地理信息数据格式不统一的难题。同时,在标准研制实战中,总结形成一套较成熟的"立方体标准建设方法论",赋能各地各部门标准研制工作,实现快速定位标准需求、高效高质量开发标准规范,进一步丰富和完善相关标准体系(见图6-2)。

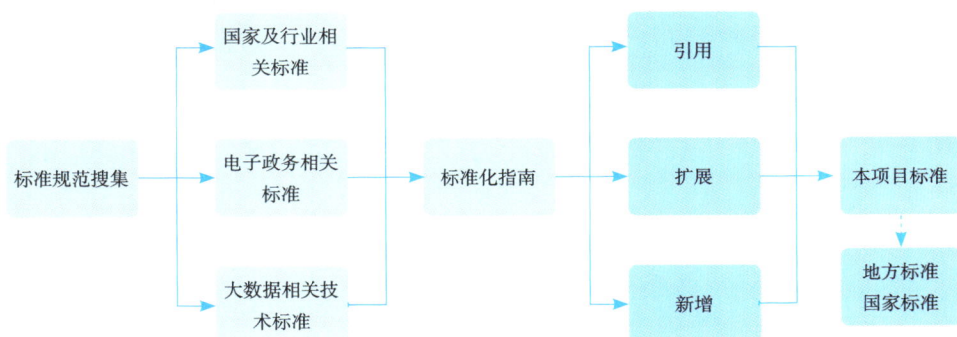

图6-2 内江市智慧城市标准体系建设思路

(案例提供:内江市大数据中心)

6.1.4 标准先行推动成都市国土空间基础信息平台建设应用

6.1.4.1 项目背景

国土是生态文明建设的空间载体,建立统一的空间规划和空间用途管制,提升我国空间治理能力和治理体系现代化水平是推进生态文明建设，实现高质量发展的必然要求。为贯彻落实国家、部委战略部署，成都市规划与自然资源局按照省委、省政府和市委、市政府的安排，统筹利用各项信息化资源，开展成都市国土空间基础信息平台建设，建成国土空间规划"一张图"，为市规划和自然资源信息化建设提供基础平台支撑。

6.1.4.2　项目功能

国土空间基础信息平台建设作为落实党中央、国务院做出的重大决策部署，肩负对内支撑全局应用、对外满足信息共享和信息交互的重任。《"十四五"国家信息化规划》明确提出要推进自然资源三维立体"一张图"和国土空间基础信息平台建设。因此，平台在既有自然资源信息化建设经验沉淀的基础上，新增分布式数据管理、应用共享、服务支撑、辅助决策等功能，全面提升成都市规划和自然资源信息化支撑和服务能力，为国土空间规划、审批应用、监测监管提供基础支撑。

6.1.4.3　关键技术

项目充分运用微服务、容器化、分布式、云GIS、AI、BI等技术，在成都市智慧城市时空大数据与云平台及电子政务办公云平台基础上，集成各类数据库及信息系统中的功能服务和功能接口，同时汇集互联网、物联网、政务专题等各类数据，建设全市统一的国土空间基础信息平台（对外为智慧城市时空信息云平台）。平台提供国土空间数据的综合管理与数据共享，通过不断强化数据中台、业务中台、技术中台服务能力，合理划分、组合、编排微服务，打造敏捷开发体系，快速响应前端复杂多变的应用需求服务需求，并实现信息化共性能力的沉淀和聚集，不断优化技术能力，创新管理方式。

制定相关政策，确立建设目标。按照《成都市规划和自然资源局"一张图"数据库建设和管理规定（试行）》要求，建成的数据共享应用平台为数据成果应用共享申请提供网上审批功能，并接入国土空间基础信息平台，加以拓展改造。结合国土空间基础信息平台的数据管理功能，最终将数据成果的注册、编目、管理、申请、审批一套完整的业务流程集成在国土空间基础信息平台。

制定标准，融合数据。项目组在已有标准规范基础上，制定了三份规范标准。通过建立数据标准、录入元数据信息，按照规划、现状、管理、社会经济及其他分类，整理入库了相关数据，基本解决了坐标系统不统一、数据格式不统一、数据版本不统一等问题。同时通过数据接口、数据交换等形式，实现了数据的动态更新。

强化标准基础，拓展数据共享。以"一码"（不动产单元代码）贯穿土地开发利用全过程，构建"一码生成、一码协作、一码溯源"的自然资源管理信息共享、数据融合与业务联动模式，以推动自然资源部门和有关横向部门信息高效共享、业务协同联动。

6.1.4.4 建设成效

通过推动数据标准规范的制定与推行，统一标准规范，形成符合实际的规划和自然资源数据标准体系框架，为数据治理及国土空间基础信息平台架构及应用体系建设提供理论支撑，保障了该项目建设的规范性、统一性，提高信息化系统建设的生命力。平台实现国家、省、市、县上下贯通、部门联动、安全可靠，为国土空间规划编制、监督实施、用途管制和生态修复等提供数据支撑和技术保障，同时推动自然资源部门和有关横向部门信息高效共享、业务协同联动。

（案例提供：北京世纪安图数码科技发展有限责任公司）

6.1.5　眉山市公共资源交易大数据标准化应用

6.1.5.1　项目背景

国务院办公厅《关于深化公共资源交易平台整合共享的指导意见》（国办函〔2019〕41号）提出，交易中心应积极开展交易大数据分析，为宏观经济决策、优化营商环境、规范交易市场提供参考和支撑，明确了数据分析对于建设新型智慧交易中心的不可替代性。眉山市公共资源交易信息化建设起步早，积累了大量有价值的数据，也由此带来数据的汇集、存储、分类、利用等问题，成为阻碍数据发挥作用的难题。为解决公共资源交易数据利用价值低、规则不完善、技术创新滞后和缺乏违规预警等阻碍数据发挥作用的难题，眉山市建成政务服务和公共资源交易服务中心。

6.1.5.2　项目功能

眉山市政务服务和公共资源交易服务中心以标准化的数据规范为基础，运用构建数据标准、实现多维度数据分析，多渠道数据汇聚等技术帮助建立数据质量管理；基于数据统计分析和价值需求，制定四大交易数据统计填报规则，为数据分析应用打下基础；运用数据模型建模、评估及部署技术，生成特定的数据统计报表，同时运用大屏可视化技术，融入大数据成熟算法，呈现动态的视觉效果；通过构建风险监测模型、围串标冒烟指数模型，根据交易行为数据的蛛丝马迹，还原并捕捉市场交易主体交易违规痕迹。

6.1.5.3　关键技术

解决业务系统运行及数据治理过程中的数据质量问题。以标准化的数据质量规范为基础，运用构建数据标准、多维度数据分析、多渠道数据汇聚等技术帮助建立数据质量管理，提升数据的完整性、规范性、及时性、一致性、逻辑性，提高数据的准确性，降低数据的管理成本，减少因数据不可靠导致的决策偏差和损失。

制定数据标准，形成高质量数据资源。按行业和交易流程明确数据的维度和指标，形成交易逻辑模型。以眉山数据资源标准，进行数据模型物理设计，形成业务数据资源目录。制定交易数据标准规范，最终形成标准化数据资源。

运用数据模型建模、评估及部署技术，完成数字模型底座。通过结合业务需求，生成特定的数据统计报表，满足中心自身需求，也可以根据预设的内容模板，定时生成相应的大数据报告。同时，运用大屏可视化技术，融入大数据成熟算法，面向公众的视觉聚焦点，呈现动态的视觉效果。同时设计不同主题多屏展示，确保数据展示的全面性。

6.1.5.4 建设成效

高效治理数据，反向赋能自动预警。基于已有技术和先进经验，整理眉山市公共资源领域数据处理规则；同时通过分析发现业务数据中存在的问题，反向倒推业务流程中不合理之处，规范公共资源数据。

融合新型技术，多维度动态展示。以四大业务为分析模块，以全市"市本级+7区县"为分析单元，以交易分析、数据分析、主体刻画、数据监管为专题，通过多维度分析界面、可调节时间窗口动态展示分析结果。

构建数字铁笼，预警违法行为。经过对历史围标串标案例的分析，创建围串标冒烟预警模型，按照冒烟指数由高到低进行风险预警；同时针对上传的标书等文件，对机器码及创建码进行一致性判断，实时智能预警招投标活动中的违法线索。

（案例提供：眉山市政务服务和公共资源交易服务中心）

6.1.6 南充市政府投资工程项目"一网监"平台标准化应用

6.1.6.1 项目背景

随着近年来政府投资工程项目建设规模和建设数量的不断增长，难以依靠人力对全部政府投资工程项目实施全流程监督，因此需要运用信息化手段弥补人力不足，不断打通项目监督各个过程链，提高信息的获取效率和范围，加强对政府投资工程项目的全过程监督。"一网监"平台采用大数据分析、云计算等主流成熟技术，围绕工程项目行政审批、工程项目建设监督两大业务环节，整合两大业务环节数据和信息资源，通过有效的数据归集、数据存储、数据治理、模型预测、结果呈现、数据共享等过程，记录工程项目所有业务环节中的行为与表现，并进行立体和形象化的展示，辅助人力进行决策，有效解决政府投资工程项目全过程监督各环节中所面临的问题。

6.1.6.2 项目功能

实行全链监督。"一网监"平台重点聚焦风险高、资金大的招标建设、政府采购、抢险救灾三类项目，实行分类监管、闭环处置。针对环节多、漏洞多的工程招标项目，在标前、标中、标后设置"6+N+12"个监管点，开展监督，如图6-3所示。针对流程单一、数量众多的政府采购项目，在备案、采购、标后设置"1+N+3"个监管点，开展监督。针对时间紧、任务重的抢险救灾项目，在项目确定、工程审计、资金拨付等重点设置7个监督点，开展监督。

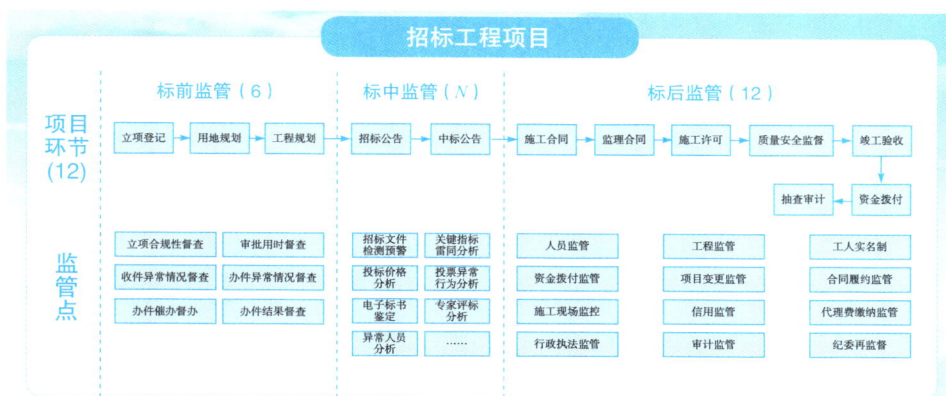

图6-3 招标工程项目监管图

快速高效预警。"一网监"平台根据针对本市近年来查处的工程项目违纪违法典型案件暴露出的问题,有的放矢在程序缺失、合同变更、工程量增加、人员变动、资金超拨等五个突出方面动态设置预警点位53个,依托项目信息高度集成、实名打卡精准定位、海量数据实时运算等,高效发现问题,及时发出预警。

精准处置问题。"一网监"平台根据各项目监管部门职能职责不同,科学划分建设单位、主管部门和牵头单位的职责角色,统一用户管理、分责处置问题。对普通预警信息,推送至责任部门限期整改;对涉嫌违规问题,移送行业主管部门核实处罚;对资金异常、工程量异常等问题,移送审计部门核实处理;对涉嫌违纪违法问题,移送纪检监察部门核实处置。

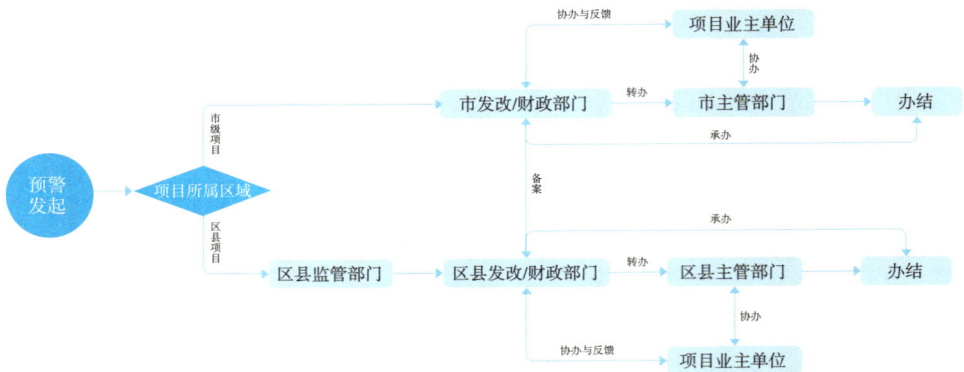

图6-4　预警处置流程图

6.1.6.3　关键技术

数据自动提取技术。"一网监"平台通过内联外拓、上下联动，对接省市已有的公共交易资源网、住建网、智慧工地等"12网"，实时获取和归集政府投资项目全生命周期数据，实现在建项目实时上线、项目数据实时更新。同时，对归集数据分类筛选、保密分析、专业清洗，构建了项目基础数据库。

项目信息共享技术。以实现信息资源的综合利用和共享为目标，采用事件、特征、人员、组织机构为重点要素，对主管部门业务领域信息资源进行科学的分析和归类，建立统一、完善、标准的行业市场监管数据资源中心，按照数据资源相关标准，对分散在各部门的公共信息、监管信息进行采集、获取、处理、存储、传输和使用，实现各使用部门的数据信息共享。

大数据分析技术。在数据梳理、组织和深入挖掘分析基础上，深挖多渠道信息资源，重点监管企业画像、优质采购资源分析、资源热度分析、异常招投标行为分析等，便于相关部门及时掌握行业有关情况，为有效监管、及时分析、科学决策提供参考，实现项目监管智慧化。

6.1.6.4 建设成效

数据潜能要素有效激活。"一网监"平台聚焦异常人员、异常行为、异常流程，细分设置"冒烟指标"84个，建立冒烟指数模型，聚焦招标人与多次中标人关系、围标串标、中标与实际建设方、资金拨付异常、代理机构与招投标人关系、评标专家与多次中标人关系、拆分标段等重点动态监测分析，评估风险、判断趋势。

项目监管合力有效凝聚。"一网监"平台整合了发展改革、住建等12个系统平台，打破了"多段监管、信息孤岛"的旧格局，实现了从立项审批到竣工验收、资金拨付的全流程监管，形成了监管职能高度整合、项目信息高度集成。

违法违规行为有效震慑。"一网监"平台紧盯招标人、投标人、评标专家、招标代理机构等8类对象，通过数据资源、预警分析、制度链条、监督成果共享，推动"线下"受理投诉举报、督办预警提示、开展监督核实。目前，行政执法部门已行政立案2件，下发整改通知书115份，发出监督建议书18份；公安机关刑事立案3件，对21人采取强制措施。

（案例提供：南充市政务服务管理局）

6.1.7 基于德阳智慧城市区块链基础设施的信用报告验证系统应用案例

6.1.7.1 项目背景

随着社会管理与公共服务领域数据规模的日益增长及数据挖掘利用需求的不断发展，如针对在招投标、融资借贷、商务合作、政府项目等场景中，一些不法分子对企业信用评级报告进行造假，无法通过政务数据共享的方式实现安全、可信的数据传递。"信用报告"是德阳"信用信息共享平台"出具的信用评级工作的最终成果。建设"基于德阳智慧城市区块链基础设施的信用报告验证平台"有效助力健全公共信用体系，利用区块链技术推进政务大数据标准化发展，提高公共信用信息建设的标准化水平，并进一步提升城市社会管理和公共服务舒适度及人民群众的获得感、幸福感。

6.1.7.2 项目功能

项目旨在构建安全、可信的"区块链+政务"的标准化体系，在产品研发和设计上创新性地采用了"数字指纹"存证方式。利用区块链存证技术，把已经实现了电子化的电子证件形成链上存证，生成一串密码"数字指纹"；通过区块链独有的哈希算法制定统一的"数字指纹"生成标准，不同的文件都有自己独有的"数字指纹"，同时对文件的"数字指纹"进行链上存证，生成链上信用报告存证记录，如图6-5所示。

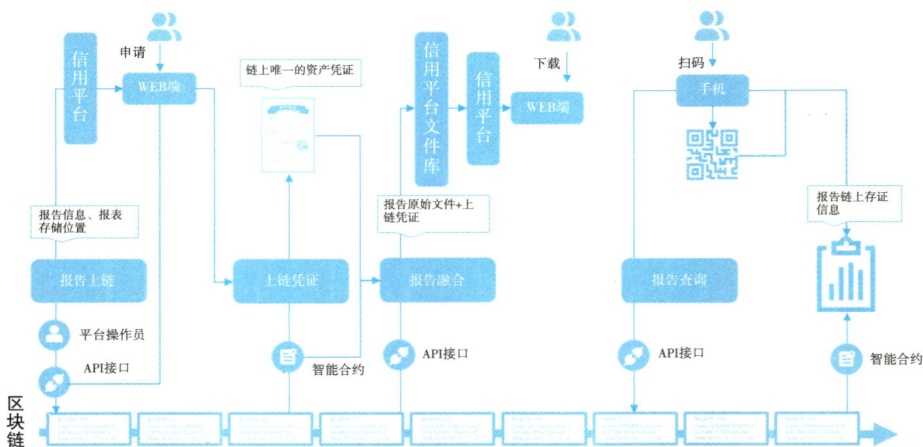

图 6-5　信用报告链上存证流程图

6.1.7.3 关键技术

面向业务的区块链平台架构。本平台是实现区块链快速应用落地的平台化架构。通过实现数据全生命周期管理、业务逻辑合约化、链上应用服务等基本功能的模块化，解决区块链与信用报告业务场景结合带来的应用二次开发成本高、数据权责确定乱、数据难管控等问题，以业务需求为牵引，以业务平台为数据源，构建了以业务系统数据为基础，通过标准化接口形式实现数据上链、链上数据存证、链上数据比对等区块链技术体系架构，并通过统一通用的服务组件方式为外部各应用系统提供区块链上数据的集成与扩展。

区块链"松耦合"接入。区块链采用"松耦合"的接入方式，快速实现业务系统对接，让区块链技术真正提升政务服务效率，增强可信性。对上链数据做业务导向的整合管理、存证查询、统计分析；对外输出链上数据管理与应用形成的数据成果。在需要使用和验证的时候，平台会对链上存证、原始文件、验证文件三方的"数字指纹"进行比对，并出具文件的验证报告。信用报告验证流程如图6-6所示。

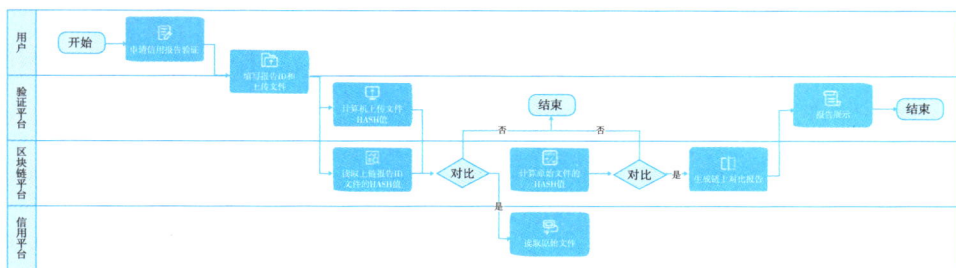

图6-6 信用报告验证流程

具体标准化建设。文件唯一标识标准化，在整套文件验证体系中通过标准化处理（文件来源所在地、所处时间作为ID的组成部分），形成文件唯一标识。文件验证依据标准化，文件生成后，直接进行链上存证，形成链上的"数字指纹"，并作为文件验证的依据。上链依据标准内容包括存证文件名称、文件ID、报告主体、统一社会信用代码、文件上链时间、文件类型、文件数字指纹（区块链存证ID：通过标准的哈希算法计算出文件的64位的哈希值，生成文件数字指纹）。

文件二维码、链上凭证标准化。在原始文件中需要加入二维码、链上凭证等信息，作为对文件使用者的告知信息；二维码和链上凭证一一对应，相互唯一。

三方文件比对验证标准化。文件验证形成标准流程，需要对验证文件、存储文件、链上"数字指纹"三方进行验证，保证验证的真实性、可靠性。同时通过标准化的智能合约比对三方的哈希值的一致性来取得验证结果。

验证过程上链记录标准化。对验证的过程进行上链记录。标准化记录内容包括：信用报告名称、文件ID、报告主体、生成时间、验证结果、验收过程上链HASH，并在上链后形成统一记录形式，分为"通过"与"未通过"两种标准形式的记录。

6.1.7.4 应用亮点与建设成效

信用报告的验证场景是"政务服务+区块链"的创新尝试，通过区块链共识机制和智能合约实现企业信用报告链上存证、链上验证的全流程服务，打造透明可信任、高效低成本的"区块链+政府服务"应用场景。通过项目实施应用，有效助力健全公共信用体系，提高公共信用信息建设的标准化水平。

"基于德阳智慧城市区块链基础设施的信用报告验证平台"斩获"中国产业区块链优秀案例（2021年度）""2021区块链创新应用杰出案例"奖项，并成功入选中国工程院"发现100个中国区块链创新应用"。

项目进行进一步推广后，上链主体在后续可拓展至各类重要证件、报告，采用相同的标准流程实现数字化、进行上链存证验证，助力进一步扩大政务服务+区块链领域标准化建设。

（案例提供：迅鳐成都科技有限公司）

6.1.8　资阳市以标准化支撑数据共享提升群众网上办事能力

6.1.8.1　项目背景

为了贯彻落实《国务院关于印发政务信息资源共享管理暂行办法的通知》（国发〔2016〕51号）、《国务院办公厅关于印发政务信息系统整合共享实施方案的通知》（国办发〔2017〕39号）、《四川省人民政府办公厅关于印发四川省政务信息系统整合共享工作方案的通知》、《资阳市人民政府办公室关于印发资阳市政务信息系统整合共享工作实施方案的通知》等文件精神，统筹建成资阳市政务信息资源共享平台（以下简称市级共享平台），实现中央、省、市三级平台互联，推动资阳市基于电子政务外网的政务信息系统整合，完成全市政务信息资源目录编制，解决政务信息化建设"各自为政、条块分割、烟囱林立、信息孤岛"问题，实现政务信息资源开放共享。

6.1.8.2　项目功能

以政务信息资源交换系统为基础，进一步推动政务信息资源共享和开放，以各责任部门在权责清单、负面清单、业务清单、目录清单、数据清单等为基础，编制生成政务信息资源目录和数据清单，建立全市政务信息资源目录。

基于市级共享平台，准确掌握各部门的政务信息资源目录、数据和资源共享需求。实现各部门政务信息资源的采集、交换、整合和管理，充分利用信息资源，提高政务部门管理与服务的效率、质量和水平，在信息资源整合的基础上，为政府宏观决策服务。此外，该平台还能为用户和社会公众提供标准化、规范化及可持续更新的信息资源服务。

6.1.8.3　关键技术

市级共享平台依托全市政务外网等已有基础设施，搭建全市统一的政务信息资源共享平台技术体系、标准规范体系，实现与省级平台的充分级联。

市级共享平台负责全市政务基础信息资源和共享信息资源的目录统一管理，为各部门提供资源查询、验证和调用；为政务信息系统的决策分析和多渠道创新应用提供数据支撑。总体架构如图6-7所示。

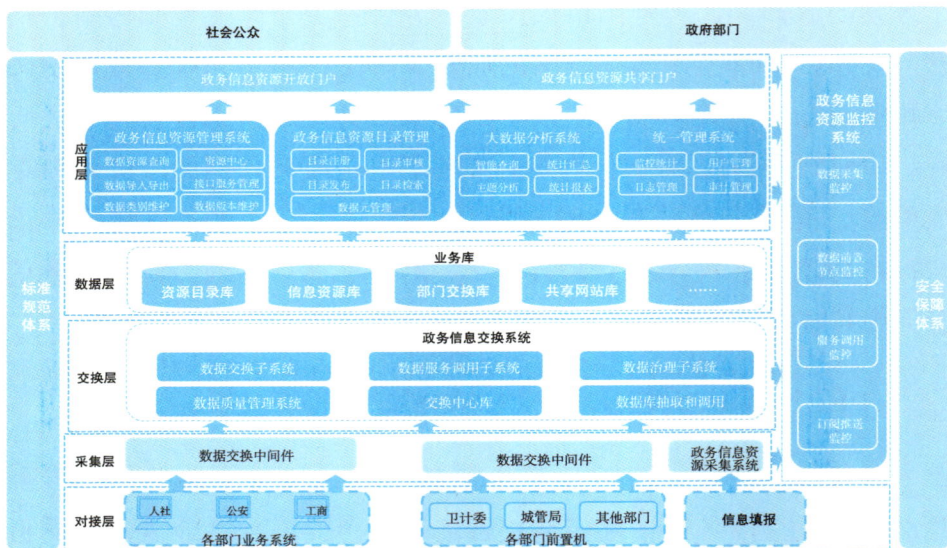

图6-7　资阳市政务信息资源共享平台总体框架图

6.1.8.4　建设成效

在"市级共享平台（一期）"建设过程中，在市委、市政府大力支持下，打通"资阳市民云接口服务"，为广大人民群众提供方便快捷、公平普惠、优质高效的城市公共服务。

截至目前，市民云共接入29接口至市级共享平台，涵盖教育就业、交通出行、医疗卫生、税务、住房公积金、社会保障、劳动就业、公安交警等多个领域。依托"资阳市民云"上线服务，群众可实时实现在线查询核酸检测医疗机构和导航，累计上线服务达十万余次；开启资阳法律援助中心查询功能，解决了市民找不到或不方便查询法律援助中心的问题，上线后服务人次达五千。

（案例提供：资阳市政务服务和大数据管理局）

6.1.9 四川省党政"信创"适配与测评工程政务系统应用

6.1.9.1 项目背景

随着我国经济技术的高速发展，很多核心科技由于种种原因有所牵制。为了解决这个问题，国家提出"2+8"安全可控体系，信创成为数据安全、网络安全的基础和拉动经济发展的重要抓手之一。在信创产业快速发展和信创应用不断扩大的同时，信创生态的复杂性也不断提升，质量管理问题成为关注的焦点。如果无法度量质量，就无法管理质量。目前信创测试测评依据主要来源于标书合同、委托测试需求单、产品说明、用户文档集，以及个别品类的信创国标或行标，对信创工程质量没有一致的评判标准。

6.1.9.2 项目功能

通过2019年以来全省党政系统AK三期工程的实践发现，在优化工程过程管理的同时，工程项目本身迫切需要强有力的标准规范支撑。本标准实现的功能主要体现在：在信创项目可研阶段，完成复杂的技术适配、验证、故障复现、性能调整优化等，确保技术路线和解决方案科学可行，符合立项及财评要求。在信创项目实施阶段，科学地进行工程组织实施，能够及时掌握工程进展态势、关键问题，项目验收时能够进行规范的测评，进而确保工程质量进度。

在信创项目维保阶段，能够提供规范的运维保障，使用户的问题得到快速响应和处置，确保工程实际效用。

6.1.9.3 关键技术

针对四川省当前党政信创工程基础，本项目构建了一套完整统一的《四川省电子政务信创工程建设与测评规范》，促使政务系统信创迁移过程逐步从"能用"走向"好用"。

在一个信创工程项目中，先从单个产品部署到整体环境，再到应用系统上线。在整个项目周期中，适配是国产化最关键的环节。《四川省电子政务信创工程建设与测评规范》针对此环节标准的缺失问题，结合四川省党政信创三期工程的实践进行推广应用，填补了信创标准体系中缺乏统一工程建设规范的空白；将为信创项目验收、运维以及质保的测评工作提供技术标准参照。通过标准的应用示范，很好地解决了信创电子政务工程建设过程中因没有参考依据导致工程建设过程中基础架构、开放接口、兼容性、性能等不一致或不满足要求的问题。对于推动信创产业标准化、持续创新化提供有力支撑，助力信创产业蓬勃发展。

按照《四川省政务信息系统建设指南》要求编制适用于信创环境的电子政务项目建设规范，主要包括CPU和操作系统技术路线选型、信创产品安全可控应用测评、信创软硬件产品安全可靠性审查，是否支持在信创环境运行、项目密码应用情况等。

通过电子政务系统信创迁移技术选型规范指导相关拟信创系统选定信创迁移所需的国产化技术路线组合，如CPU、操作系统、数据库、中间件等，通过大量测试、修改、优化完成系统与信创硬件平台和基础软件间的适配联调，达到功能性能最优。

通过信创适配验证模拟仿真规范指导搭建适配验证模拟仿真环境，建立覆盖信创产业链的适配环境，建设相应测试认证能力，提供产品检测、应用测评和质量测试服务，形成本地化信创解决方案、技术图谱、产品目录，从而成为四川省电子政务信创工程主管部门的质量管理抓手。

根据信创工程用户实际场景，充分满足GB/T 25000.51—2016《系统与软件工程 系统与软件质量要求和评价（SQuaRE） 第51部分：就绪可用软件产品（RUSP）的质量要求和测试细则》中有关功能性、性能效率、兼容性、易用性、可靠性、信息安全性、维护性、可移植性的描述。

6.1.9.4　建设成效

四川省信创中心建立了四川省唯一省级信创适配基地，已基于《四川省电子政务信创工程建设与测评规范》开展了大量电子政务信创工程的适配验证与测试测评工作（标准应用情况见图6-8）。由四川省信创中心任理事长单位的四川省信创联盟目前会员单位一共200余家，涵盖了芯片、操作系统、数据库、中间件、应用软件、网络安全等主流厂商，为本标准的编制和团体推广提供了强有力的资源和保障。

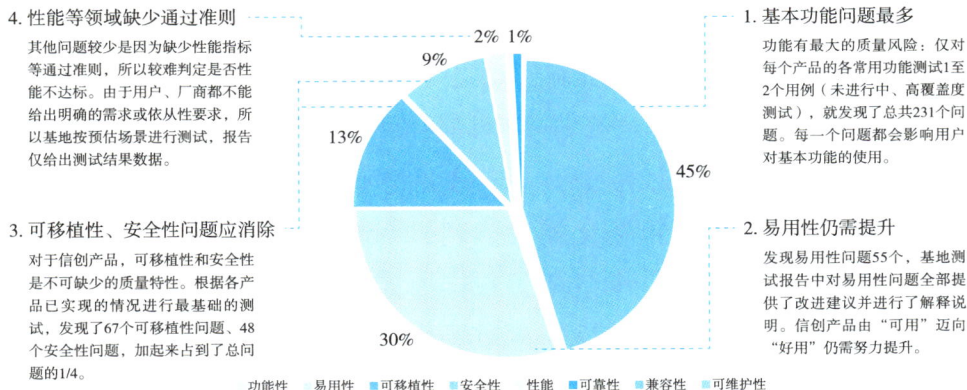

本标准在信创工程测评中的应用情况
建议适配多关注TOP4的质量领域

4. 性能等领域缺少通过准则
其他问题较少是因为缺少性能指标等通过准则，所以较难判定是否性能不达标。由于用户、厂商都不能给出明确的需求或依从性要求，所以基地按预估场景进行测试，报告仅给出测试结果数据。

3. 可移植性、安全性问题应消除
对于信创产品，可移植性和安全性是不可缺少的质量特性。根据各产品已实现的情况进行最基础的测试，发现了67个可移植性问题、48个安全性问题，加起来占到了总问题的1/4。

1. 基本功能问题最多
功能有最大的质量风险：仅对每个产品的各常用功能测试1至2个用例（未进行中、高覆盖度测试），就发现了总共231个问题。每一个问题都会影响用户对基本功能的使用。

2. 易用性仍需提升
发现易用性问题55个，基地测试报告中对易用性问题全部提供了改进建议并进行了解释说明。信创产品由"可用"迈向"好用"仍需努力提升。

2% 1%
9%
13%
45%
30%

功能性　易用性　可移植性　安全性　性能　可靠性　兼容性　可维护性

图6-8　标准应用情况

自四川省党政系统信创三期工程启动以来，四川省信创中心已基于本标准完成多项建设与测评工作，已形成覆盖终端、服务器、数据库、中间件、应用软件组合测试测评标准及报告输出。

随着党政行业信创实践的全面推广与深入核心应用改造，可以预见的是信创项目管理的挑战难度也越来越大。党政信创领域建设，一方面需要大胆设想小心求证，另一方面也需要验证经验的积累与分享。信创工程既需要专业的管理工具，也需要总结后形成的实践标准化与信创知识共享机制。信创项目磨合期较长，业务上线只是开始，上线后的项目试运行监控、稳定性运营、运维管理也将是信创项目管理需关注的目标。只有不断发现问题、解决问题，才能实现信创工程从"真试真用"到"能用好用"。

（案例提供：四川省信创中心）

6.1.10 德阳数据要素市场化运营机制标准化应用案例

6.1.10.1 项目背景

自党的十九届四中全会首次提出将数据作为生产要素参与社会分配以来，国家和四川省出台了《中共中央 国务院关于构建更加完善的要素市场化配置体制机制的意见》（中发〔2020〕9号）、《中共中央 国务院关于构建数据基础制度更好发挥数据要素作用的意见》（中发〔2022〕32号）、《中共四川省委 四川省人民政府关于构建更加完善的要素市场化配置体制机制的实施意见》（川委发〔2020〕23号）等文件，围绕培育数据要素市场展开密集部署，德阳市认真贯彻落实，抢抓数据要素市场化配置改革重大机遇，与中国电子信息产业集团有限公司（简称"中国电子"）共同实施数据治理工程，与四川省大数据中心合作共建四川数据要素产业园，积极探索构建组织体系、要素培育、交易流通、安全监管四位一体的数据要素市场体系，有效破解数据要素市场化成本高、定价难、风险大等难题，实现数据要素高效融合流通和规模化应用，初步走出一条具有地方特色的数据要素市场化路径。

6.1.10.2 项目功能

项目对推进数据要素市场化改革具有重要示范意义。数据要素市场化配置改革既需要数字经济先行城市超前探索，也需要其他"大多数"城市群体探索契合自身发展阶段的务实路径。德阳作为全国"大多数"城市的典型代表，以实施数据治理工程为抓手，推进数据要素市场化配置改革，以数据要素市场化配置改革引领，推动数据治理工程落地落实，对探索全省乃至全国数据要素市场化配置改革普适化模式具有重要示范意义。

项目对促进以数据为关键要素的数字经济发展具有重要意义。德阳以构建数据资源、元件、产品三级市场为抓手，打通数据要素专业化供给、规模化流通、个性化开发利用的价值闭环，推动数字经济与实体经济深度融合，实现经济转型升级，将数据资源"势能"转变为数字经济高质量发展"动能"，加快促进以数据为关键要素的数字经济发展。

6.1.10.3 关键技术

构建"1+4+N"制度体系，规范数据要素流通交易。一是出台"1+4"基础制度文件。构建以《德阳数据要素市场化配置改革行动计划》为总领，组织体系、要素培育、交易流通、安全监管等4个制度为主梁，27个配套文件为支撑的三级制度体系，明确数据要素市场化配置改革的制度保障和实施路径。二是引入"数据元件"创新理念。依托T/CI1TA 406—2022《数据元件的结构要求》、T/CIITA 506—2022《数据元件安全审核要求》标准，融合数据沙箱、区块链、多方计算等技术，建设数据资源加工中心、数据资产评估中心和数据开放共享平台、数据资产交易平台，将原始数据加工成数据元件，强化数据要素流通全链条安全防护和追踪溯源能力。三是打造"三级市场"运营体系。德阳建设数据资源、元件、产品三级市场，培育数据要素产业生态，推进各类数据资源归集，打造以数据元件交易为核心的登记结算、交易撮合、交付管控和争议仲裁等全流程数据交易体系，规划可落地的数据要素化应用场景。

创新"1+1+N"建设模式，试点数据资产登记评估。参考GB/T 36344—2018《信息技术 数据质量评价指标》《资产评估专家指引第9号——数据资产评估》，与国信优易、工信部电子技术标准化研究院（电子四院）共同开展数据资产登记评估试点，采取"1+1+N"建设模式，建设一个数据资产评估（德阳）中心、一个全国数据资产评估平台城市节点，编制N个重点领域业务实施指南。

构筑"3+1"安全中心，深化数据安全治理能力。出台《德阳市公共数据安全管理暂行办法》《德阳市数据要素安全管理暂行办法》等制度文件，形成数据采集、模型管理、元数据管理、数据隐私保护等17个标准规范，建设网络安全技术、服务、人才培养等三个安全能力中心和一个创新应用中心，构建市域一体智慧城市安全运营保障体系，提升数据要素流通全链条的安全防护和追踪溯源能力，为数据共享开放和数据价值挖掘提供安全保障。

6.1.10.4 建设成效

数据要素资源供给逐步优化。加大数据归集治理和开放共享力度，目前已归集结构化数据33亿余条、政务共享目录超1万个、公共数据开放目录近九千个，初步形成人口、法人、时空地理等八大基础信息库和15个专题库，建立了政府授权、国有平台公司运营、运营收益反哺智慧城市和公共服务的数据运营模式。

数据要素产业生态不断壮大。先后引入培育数据资源提供商、数据开发商、数据经纪人、数据合规咨询机构、数据资产评估机构等各类数商合作伙伴58家（含本地企业16家，异地企业42家），初步具备了数据采集、数据标注、数据存储、数据加工、数据交易、数据资产评估等服务能力。

数据要素关键技术持续创新。2022年6月8日上线运行德阳数据交易平台，已上架数据元件1014个。2022年11月21日在深圳数据交易所有限公司挂网交易首批数据元件，基于数据资源提供商的原始数据进行加工，由数据开发商深圳某网络科技有限公司采购，合同总金额达340余万元。

数据要素应用场景不断拓展。围绕金融、卫生健康、能源、物流等重点领域，完成10个数据要素应用场景建设，31个数据元件服务销售合同签订，合同金额达1300余万元。其中，金融贷款交易场景支持向企业授信并累计放款11.7亿元，获得第二届数字四川创新大赛"数字政府赛道十佳案例"；电力大数据分析场景为德阳本地300余家试点企业提供用能分析服务，最高可节约企业60%能耗成本。

6.2 政务服务篇

6.2.1 面向市场监管大数据融合的智慧治理中心应用

6.2.1.1 项目背景

为了贯彻实施《国家标准化发展纲要》，发挥标准化在推进国家治理体系和治理能力现代化中的基础性、引领性作用，根据国家市场监管总局进一步推进市场主体登记注册规范化标准化便利化等要求，从省市场监管局现状出发，构建四川省市场监管数据标准化、规范化体系。近几年，我省市场监管呈现业务范围广、应用系统多、数据体量大、结构多样化等特点，系统联通、监管协同、数据共享等方面依然存在问题，通过抓重点、补短板、强弱项，建立市场监管大数据标准化治理体系，统一数据规范，全面整合现有数据资源，赋能"智慧市场监管"，提升市场监管能力现代化水平。

6.2.1.2　项目功能

市场监管标准体系与应用。智慧治理中心依据有标贯标、无标建标的原则，通过对SG 14—2021《市场监管行政执法数据规范》、C5106—2019《国家"互联网+监管"系统标准》等111份市场监管业务数据标准要求的梳理，规划市场监管领域数据管理标准规范，以形成统一的数据内容及格式，促进市场监管数据的流通、共享与管理，已建成5类32项主数据标准、26类1044项元数据标准、3类16个主题库数据标准、8类36个专题库数据标准。通过数据共享管理标准规范，建立统一的数据服务和接口规范，保障市场监管数据标准统一、安全受控。

一站式数据标准化管控平台（见图6-9）。在安全、可信、公允的数据环境中提供数据交换、数据探查、数据加工、数据挖掘等一站式数据融合治理管控能力。通过对数据的统一归集，标准化梳理、规范治理，厘清数据血缘关系，全链路数据质量监控预警，形成标准数据资源库，实现数据汇聚全面化、数据融合标准化、数据质量可控化、数据管理智能化、数据共享安全化。

多源融合的市场监管知识体系。通过跨平台的数据标准化治理，建立主体、客体、行为标准体系，搭建相互之间的关联关系，并运用知识图谱技术，构建全域、标准的市场监管知识图谱，形成区域营商环境分析、安全风险预警、食品溯源分析、消费环境平稳发展等场景，为事前预防、精准监管、重点监管提供支撑。

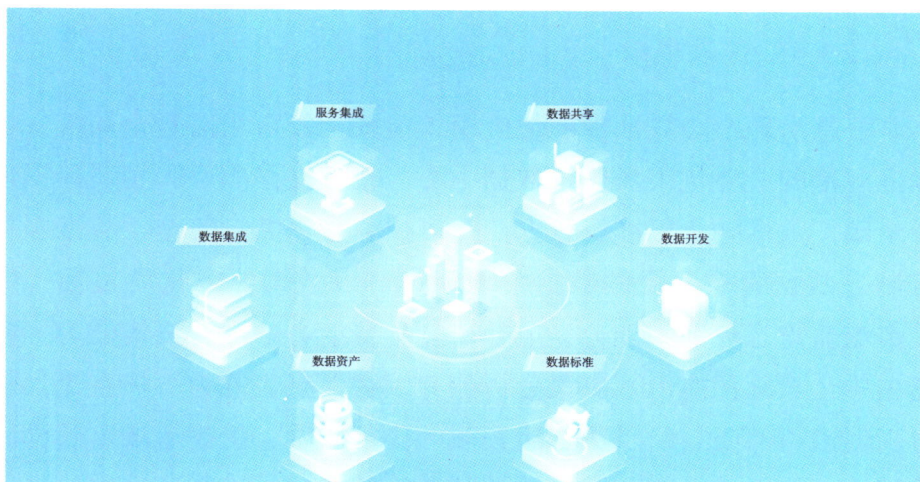

图6-9　一站式数据标准化管控平台

6.2.1.3　关键技术

湖仓一体技术。湖仓一体将数据仓库的高性能及管理能力与数据湖的灵活性融合，可直接访问存储的数据管理系统，它结合了数据湖和数据仓库的主要优势，为市场监管业务数据广、监管领域多提供了更好的多源数据采集、数据治理和管理标准化能力。湖仓一体技术形成的标准规范包括数据资源管理标准、数据标签标准体系规范、数据共享管理规范等。

知识图谱技术。知识图谱是一个集图数据库、图计算、图可视化为一体的一站式图服务平台，针对高度互联数据的存储和查询场景进行设计，提供一种更好的组织、管理和理解海量信息的能力。通过对市场监管业务域的梳理，智慧治理中心完成对市场主体、客体等25类对象的构建、70种关系的构建，形成以市场主体为核心的市场监管知识图谱体系。知识图谱技术应用执行了主数据标准、元数据标准、主题库标准、专题库标准等数据标准，同时形成了知识图谱模型标准规范、数据智能支持标准流程等。

6.2.1.4　建设成效

智慧治理中心数据标准化应用，建成全省市场监管全局统一、标准规范的一体化市场监管数据中心、技术支撑中心，实现数据汇聚全面、数据融合标准、数据质量可控、数据共享安全、数据服务定制、数据管控可视的数据治理能力。以数据业务化为目标，形成市场监管态势感知能力、风险监测预警能力、综合查询能力、市场主体全景画像能力、决策分析能力、智能报表能力、热点聚焦能力，促进跨部门、跨层级、跨领域的协同监管，提高市场监管部门的监管、执法、管理、服务的智慧监管效能，为市场监管领域提供了参照样本。

（案例提供：四川省市场监督管理局）

6.2.2　成都市市场监督管理局数据中心应用

6.2.2.1　项目背景

成都市市场监管局机构改革完成后，原各单位和部门信息系统过多而杂，自建加上级派发的共计50多个，面临信息共享难、应用分析程度弱等问题。该项目以推进成都市市场监管从传统的政府监管向社会共治变革为目标，以"标准化+大数据"为技术手段，以构建成都市市场监管大数据中心为载体，从市场监管行业风险管控要素关键特征提取、多场景服务应用模型建立、社会化多元共治共享入手，打通全域成都的市场主体信息共享通道，构建市场监管智慧化科学监管体系，提升市场监管的风险感知能力，促进监管转型升级、助推智慧监管。

6.2.2.2　项目功能

创新数据治理。通过梳理国家、行业、地方法律法规及标准文献，形成市场监管标准及资源库；结合现有处室的信息化需求，经详细调研，确定标准化工作对象，明确信息化具体内容，编制了业务数据规范及代码集；依托现有信息资源，与标准化科研机构合作，对整理形成的数据集和代码集进行动态管理。

创新数据标准应用。以业务为主线，在国家市场监管总局信息化标准指引下，编制了成都市市场监管信息化标准体系。根据数据标准建立了数据治理校验规则，对自身业务数据、外部共享数据等多源数据进行治理，基于治理后的标准化数据，结合不同业务需求建立风险评估、分类分级等算法模型，为食品监管、特种设备监察、广告监管、营商环境等多场景提供靶向性监管建议。

6.2.2.3　关键技术

通过不同渠道的原始数据汇聚支撑，归集多模式、可监测的多源数据；通过建立数据治理校验规则，实现标准化、可视化的有效数据治理；通过构建基于服务的信息资源共享通道，解决数据共享交换管理不规范、形式不统一、去向不明确等问题；通过结合不同业务需求建立风险评估、分类分级等算法模型，实现多场景、智能化的精准数据分析。

大数据标准化体系以标准和规范为引领，融合市场监管系统及数据开展信息化平台的总体建设，充分借鉴了大数据标准体系框架，重点编制和应用了业务流程、数据资源、数据管理和交换相关标准规范的实施（见图6-10～图6-12）。

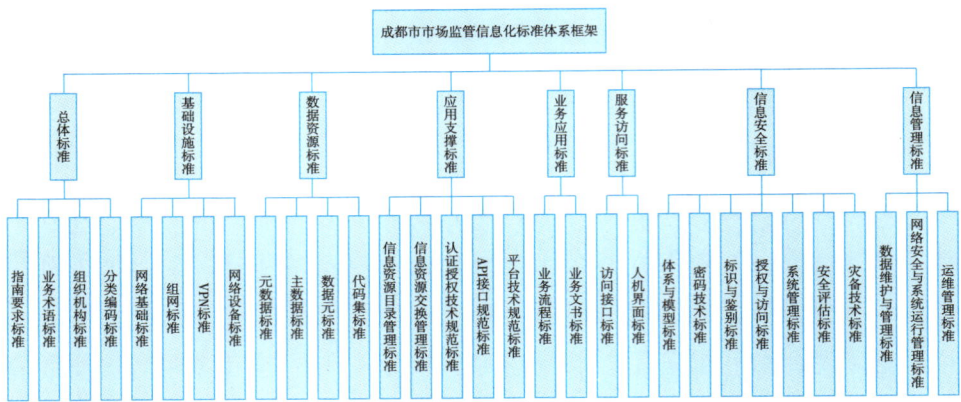

图 6-10　成都市市场监管信息化标准体系框架

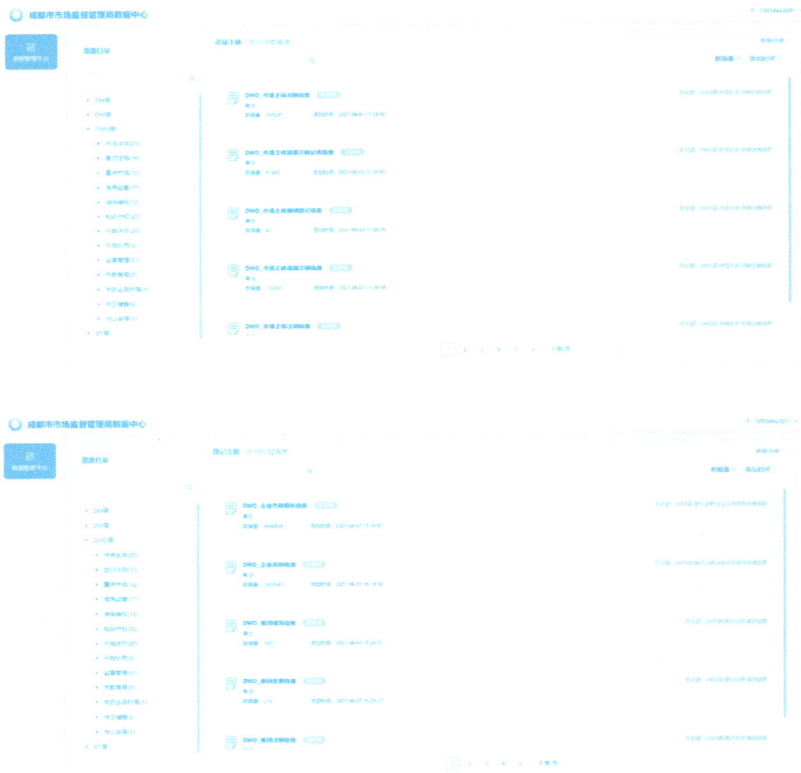

图 6-11　统一规范的成都市市场监管数据资源目录

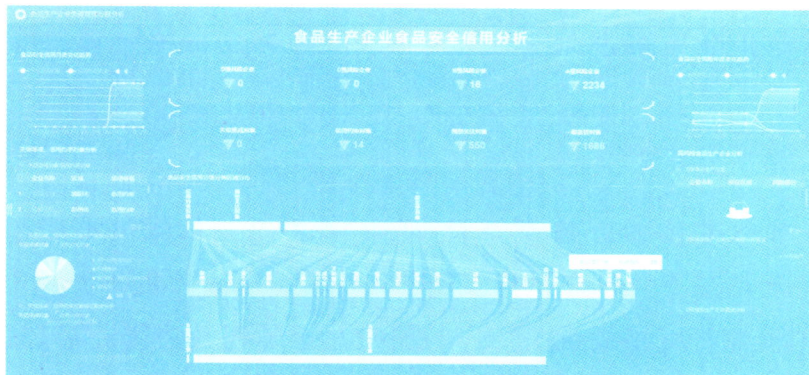

图6-12 基于规范化数据开展的监管专题分析应用

6.2.2.4 建设成效

监管业务协同协作。在市场监管各业务条线系列标准引领下，探索建立"市场准入、风险分级、随机联查、行政执法、信用约束、信息公示"链条式的协同监管机制，登记注册、行政审批、双随机检查、行政处罚、信用承诺和约束、社会公示等环节业务互嵌和协同工作。建立监管检查的管理机制，实现不同业务条线的检查任务、人员和项目"三融合"，一次上门完成所有事项，减轻企业和检查人员负担。

数据资源归集共享。根据市场监管数据标准规范，建立集中数据仓库，实现信息数据的全方位归集，规范数据所有权、管理权及使用权，从全域视角对市场监管数据资源进行全生命周期管理，保障数据在整个业务范围内的一致性、完整性和可控性。构建跨部门、跨层级、内外联动的信息共享枢纽，实现数据分类分级共享服务，为平台内各系统，国家局、省局，市本级其他部门、各基层单位以及对外公示提供标准化数据共享服务。

（案例提供：成都市标准化研究院）

6.2.3　广元市国资国企在线监管平台应用

6.2.3.1　项目背景

为加快形成以管资本为主的国有资产监管体制，推动构建国资监管大格局，2019年11月，国务院国资委印发《关于进一步推动构建国资监管大格局有关工作的通知》（国资发法规〔2019〕117号）。按照国务院国资委统一部署，省政府、省国资委相继印发多项相关文件，明确到2021年底建成覆盖省、市两级国资委和所监管企业的国资国企在线监管平台，构建国资国企在线监管一体化统计口径，逐步建立和完善国资国企横向到边、纵向到底的实时动态监管体系。

6.2.3.2　项目功能

通过建设广元市国资国企在线监管平台，搭建广元市国资云平台，建立国资监管数据标准体系，建设市国资国企在线监管平台数据中心，建立国资监管业务应用，构建国资监管智能分析系统，推动市属国有企业数字化应用建设，与省国资委国资国企在线监管平台对接，构建"横向到边""纵向到底"的实时在线监管体系。"横向到边"即实现监管企业、市国资委全面覆盖，监管业务无盲点，监管职能全包含；"纵向到底"即实现监管企业各层级的全覆盖，监管数据上下贯通，实现监管目标更聚焦，监管方式更智能。

通过模块化、专业化的信息采集、分析和报告机制，加快优化监管流程，创新监管手段，增强监管的针对性和及时性，提供决策支持和主题展现服务。基于市国资委数据中心对监管工作进行全面监测和综合展示，做到监管工作落实情况可视化，企业经营发展数据可追踪，以及主要监管数据可呈现，包括"三重一大"制度落实分析、市属企业项目投资监管、市属企业经济运行分析、市属企业资本运营管理情况、企业工资总额管理等主题，确保国有资产保值增值目标。

6.2.3.3 关键技术

国资国企在线监管系统以"统一规划、统一安全、统一用户、统一采集、统一存储、统一支撑、统一管理"为基本思路，规划设计从结构上分为"五横四纵"，"五横"分别是IT基础设施层、信息资源服务层、应用支撑层、业务应用层和表现层，"四纵"分别是标准管理体系、工程管理体系、运行维护体系和安全保障体系。

国资国企在线监管系统采用国家电子政务标准的架构分层、应用和平台设计，并进行中台、微服务、智能化、移动化等新技术新应用融合，按照指标梳理、数据汇聚、管控设计、管控实施的基本路径，组织建设各业务应用，并不断丰富完善、迭代优化。

6.2.3.4 建设成效

广元市国资国企在线监管平台可以对市属重点国有企业产权、投融资、人事、财务、"三重一大"决策运行、大额资金等信息进行实时、动态采集，实现对其全层级多维度的评价、监测和纠偏，不断增强国有经济活力、控制力、影响力和抗风险能力，进而更好地发挥国资国企在全市高质量发展中的支撑作用。通过平台形成全市国资监管的信息网络体系，实现了数据共享交换和国有资产信息管理、监督、分析系统，全面提高运营及监管效率、质量和水平，增强快速反应能力和应急能力。同时，推动国有企业数字化应用建设的企业国资经营管理台账及数据分析，实现企业运营及管理信息化，满足业务处理与决策支持需要。该体系可推广应用到全市各企业当中，大力提升国有企业保值增值，提高企业资产利用率。

（案例提供：广元市数字产业公司）

6.2.4 凉山彝族自治州三农大数据平台应用

6.2.4.1 项目背景

党的十八大以来，习近平总书记高度重视脱贫攻坚工作。《关于实现巩固拓展脱贫攻坚成果同乡村振兴有效衔接的意见》提出，建立健全巩固拓展脱贫攻坚成果长效机制、健全防止返贫动态监测和帮扶机制。全国脱贫攻坚总结大会指出，对易返贫致贫人口要加强监测，做到早发现、早干预、早帮扶。依据中央及省上工作要求，凉山州政府制定了《凉山州健全防止返贫动态监测和帮扶机制实施方案（试行）》（以下简称《方案》），明确了凉山州2021年检测范围与检测对象，并提出健全动态监测帮扶机制。

6.2.4.2 项目功能

为了贯彻落实《方案》要求，凉山州大数据中心以满足防返贫动态监测预警工作的需求和满足州、县（市）、乡、村四级联动的防返贫监测预警与有效帮扶业务的管理和处置工作需求为目标，在认真解读国家及省市对巩固脱贫攻坚及乡村振兴的要求和严格按照《中华人民共和国网络安全法》《中华人民共和国数据安全法》《中华人民共和国个人信息保护法》相关要求的基础上，建立了该防返贫动态监测平台。

平台以清单化、数据化、可视化、可追溯等为建设思路，充分融合已有数据、外部三方数据、采集补充数据等，以打造行业数据中心、指挥平台、管理平台、服务形态为目标，围绕全州重点人群和区域，落实一人一码、一户一码、一点一码，对接并充分复用并清洗中央和省级平台中贫困人口和多个指标数据，构建细化到村级的数据驱动高效治理体系，建立动态更新工作清单，逐步形成返贫预警风险研判能力、过程跟踪溯源体系、扶贫巩固结果实时检验机制和分析结果可视化、移动化等多项功能。

6.2.4.3 关键技术

平台主要包含五大模块：防返贫监测大数据平台、数据中台、智能中台、区块链平台、可视化平台。

依据GB/T 38673—2020《信息技术 大数据 大数据系统基本要求》、GB/T 38672—2020《信息技术 大数据 接口基本要求》、GB/T 37973—2019《信息安全技术 大数据安全管理指南》，建立防返贫监测大数据平台，人、户、点多角度立体存储防返贫人员、家庭户及安置点的返贫情况。

依据GB/T 38667—2020《信息技术 大数据 数据分类指南》，通过数据清洗、分类、元数据管理，建立数据中台，整合全州20多个州级部门数据，并汇集州、县（市）、乡、村多级部门数据。

建立智能中台，整合集成人工智能领域常见的基础性的AI原子能力，提供诸如人脸识别、人体识别、身份证识别等成熟的原子算法能力，减少人工成本。

建立区块链平台，对接全州20多个州级单位数据，根据不同业务及数据类型实现基于区块链的上链，组成防返贫监测联盟区块链网络。

6.2.4.4 建设成效

基于乡村振兴局数据，接入第三方部门数据，系统后台自动进行比对、建模，当触及预警指标阈值时，自动推送预警消息，同时结合线下工作人员在走村入户时通过扫码获取的安置点、家庭、人员的信息，最终建立防返贫人员一张图、返贫风险一张图、教育保障一张图、医疗保障一张图、住房保障一张图、饮水安全一张图和回头看一张图，分别对细化至村级的返贫人员、返贫风险、教育保障、医疗保障、住房保障、饮水安全和已有工作成效进行动态检测。该平台的建设，解决了凉山州防返贫任务监测难题。

（案例提供：凉山州大数据中心）

6.2.5 "米易县网上证明开具平台"应用

6.2.5.1 项目背景

米易县地貌多为山地，常住人口分布较广，群众交通出行不够便捷，部分有开具纸质证明的工作需要群众频繁往返于县级部门和乡镇、村（社区）、村民小组之间，加之证明审签人员工作时间和岗位不固定，最终导致开一份证明往往需要耗费几天时间。因此，纸质证明开具已成为严重影响基层办事效率、增加办事成本的堵点，我县基层证明开具"耗时长、多头跑"现象亟待破题。

为了积极贯彻落实党中央国务院和省市关于推动"放管服"改革向基层延伸，助力高质量发展、乡村振兴、基层社会治理决策部署，米易县以人民为中心，着力提升网上服务能力，着眼基层智慧政务建设目标，聚焦基层群众办事难点痛点，在全省首创开发基层政务线上服务平台"网上证明开具平台"，为基层群众提供效率更高、操作更便捷的便民服务。

6.2.5.2 项目功能

通过推行证明材料开具全流程电子化、优化再造服务流程，打破了时间和空间限制，群众能采取多途径获取公开信息，选择手机、电脑等各平台提出申请，对事前准备清晰明了、事中进展实时掌握、事后结果及时获知。各级各部门审签人员无论何时何地，都能通过网站、新媒体、手机App登录网上证明开具平台签署意见并进行电子签章（签名），实现证明材料在开具的全过程中企业、群众"零成本、零跑路"。通过借力省级政务App和县级融媒体平台，丰富信息发布渠道，打通政府门户网站、"阳光米易"融媒体平台、"天府通办"手机App各平台数据壁垒，实现数据共享和业务协同，提升了平台公共支撑能力和政务服务枢纽作用。通过平台开设的电子监察和催办督办等功能模块，能够对电子证明材料开具全流程进行实时有效监管，实现全过程"可管控""可预期"。

6.2.5.3 关键技术

清理证明事项，规范办理流程。对现有申请、证明事项进行清理，保留9类19个确需保留的证明（申请）事项，并从中挑取11项可全程电子化审签的证明（事项）。将11项证明（申请）办理流程全面优化再造，细化分解为"申请—受理—申请材料网上流转—意见审签—加盖印章—制作电子证明材料—结果反馈"7个环节。

搭建四级审签网络，明确网上证明效力。依托"易政管"微信公众号，按照政务服务标准化要求，开发了"米易县网上证明开具平台"。群众填报信息后，平台将自动推送证明申请给对应部门审签盖章，初步构建了县、乡、村、组四级无缝衔接的电子申请（证明）材料开具服务网络体系。同时，通过印发《米易县人民政府办公室关于推行网上开证明（申请）工作的通知》，明确电子证明在米易县范围内与纸质证明具有同等效力。

加大监督考核力度，兑现时限承诺。将"网上开证明"工作纳入"易政管"推广使用年度目标绩效考核的重要评价内容，严格执行限时办结制和责任追究制，确保申请人对电子证明材料的办理时限可预期。同时，通过平台开展动态监察和催办督办等工作，确保"一个工作日办结"的承诺得以真正兑现。

打通各平台数据壁垒，实现"一网通办"。按照"天府通办"平台建设标准，推动标准化治理，将平台各项功能挂接到"天府通办"App攀枝花市分站点便民服务功能板块，实现了群众可通过"阳光米易"融媒体平台、"天府通办"手机App任一途径直接提交申请，有效地整合了现有资源，实现了"一网通办"。

6.2.5.4　建设成效

自"米易县网上证明开具平台"在网站、新媒体、手机App等多平台全面投入使用后，单个证明材料仅需半个工作日即可办结，最快只需几分钟，办理效率较开具纸质证明材料平均提速90%以上。截至目前，米易县通过各渠道共计办理各类电子证明3000余件次，成功破解"开证明难"问题，受到了全县干部群众的充分认可。

（案例提供：攀枝花市大数据中心）

6.2.6　四川省大数据标准化应用司法鉴定统一服务平台申报

6.2.6.1　项目背景

从司法部公开统计数据可见，四川省司法鉴定业务量位列全国前茅。2021年四川省司法鉴定约18万件，业务增长量约10%，连续两年处于两位数增长。经过对四川省司法鉴定行业的深度调研显示，项目建成前因司法鉴定行业未建立统一信息库，系统信息割裂形成数据孤岛，缺少统一的信息化建设标准，导致司法鉴定行业监管与业务办理方面，面临着诸多需要通过信息化手段解决的痛点。

综上所述，基于司法鉴定行业《全国人民代表大会常务委员会关于司法鉴定管理问题的决定（2015年修订）》、SFT0025—2019《全国司法鉴定管理信息系统技术规范》，结合《中华人民共和国网络安全法》《中华人民共和国数据安全法》《中华人民共和国个人信息保护法》等标准建设具有数据合规治理体系的四川省司法鉴定统一服务平台。

6.2.6.2 项目功能

面对四川司法鉴定机构信息化程度参差不齐、结构化率较低、自身数据不自洽、数出多源、利用率低等问题，依托四川省司法鉴定统一服务平台实现数据治理和应用的流程化、规范化、标准化，有效解决了司法鉴定数据质量问题；利用基于业务对象的数据动态组织方法，针对数据进行主题域管理，将多源异构数据进行融合、汇聚、计算，打破数据壁垒，大幅度地提高了数据的生命力。

数据转换。平台利用高性能的数据转换引擎，该引擎由在设计环节中输出基于元数据的指令驱动。由于来自不同鉴定机构的数据源集成，因此需要解析这些系统之间的数据语义、关系和层次。平台采用统一的标准语言作为转换的中间格式，能够处理非结构化、半结构化和结构化数据的转换。

数据聚合。平台提供虚拟数据聚合功能。通过将传统的多方数据整合到一个平台，可以快速方便且经济高效地传递整体数据。使用这一功能，可以联合访问多个异构数据。因此，无须实际移动数据就可以创建虚拟数据视图。利用该功能可缩短数据集成项目的周期，更快地适应不断变化的业务需求。

数据交换。通过可视化视图创建工具创建数据交换的视图，可以完成数据库之间、数据库与系统之间的数据交换。整个平台有一个虚拟的数据中心，里面存放着数据交换的视图，通过这个数据中心来完成不同数据源之间的数据交换。

数据计算。司法鉴定行业涉及多领域、多地域、多部门的协作，数据存在多级别的敏感性和重要性。针对这一问题，利用区块链作为分布式协作的底座，通过数据目录、数据湖的方式，构建数据流转的枢纽，同时引入隐私计算和全面的治理规则，界定数据的边界，使数据在"不出库"的同时，依旧可以实现身份认证、隐匿查询、模型构建等能力。

6.2.6.3　关键技术

项目依托四川省司法鉴定行业协会大数据平台实现数据治理和应用的流程化、规范化、标准化，有效解决了司法鉴定数据质量问题；利用基于业务对象的数据动态组织方法，针对数据进行主题域管理，将多源异构数据进行融合与汇聚，打破数据壁垒，大幅度地提高了数据的生命力，如图6-13所示。

图6-13　司法鉴定行业协会大数据平台

统一业务接口标准化。充分利用大数据技术，基于司法鉴定行业全国统一标准SFT 0025—2017《全国司法鉴定管理信息系统技术规范》，打造司法鉴定云平台统一接口规范，解决不同鉴定机构数据标准不统一的问题。

数据传输标准化。系统身份识别运用CA认证机制，提供系统访问的身份合法性验证机制。数据保密通过SM4加密，保证敏感数据的不可见，同时也能防止数据被逆向解码。数据完整性验证通过Hash完整性比较，保证数据从发出到接受的完整性和未被篡改。

存储技术标准化。依据CDMI标准的存储模型，采用五类对象进行数据存储管理和访问操作。五类对象包括容器对象、数据对象、域对象、能力对象和队列对象，每个对象通过多个Key-Value数据进行云数据的描述，基于此进行存储技术标准化建设。通过主/从实现非结构化文件的数据被允许操作，主要利用分布式并行数据库处理海量的结构化的数据，为了满足海量数据的管理需求、数据高并发的需求、高可扩展性及高可用性的需求，采用NOSQL数据库。

6.2.6.4 建设成效

四川省司法鉴定云平台打通全省112家司法鉴定机构，18家行业协会，21个市（州）司法局，接入全国司法鉴定统一数据库，实现多功能联动。平台建成后受到人民网、四川在线等省内外媒体关注，并在2022年中国工业与信息化部举办的第五届"绽放杯"5G应用大赛中获得工信部技术专家肯定，荣获四川赛区二等奖。本案例中的系统平台采用有关司法鉴定领域、信息安全、区块链等标准化技术进行研发，在顶层设计、实用性、前沿技术应用等方面的经验和方法可运用在多领域、多地域、多部门的大数据治理应用场景，可推广应用于公检法司、公证、鉴定等省级政府机构单位。

（案例提供：联通（四川）产业互联网有限公司）

6.2.7　眉山市住房公积金数字化转型应用

6.2.7.1　项目背景

近年来，眉山市住房公积金事业飞速发展，各项业务指标快速增长，在这种情况下，原有的单一化、碎片化、人工化的管理和服务已不能满足当前业务发展需要和公众服务诉求，政务服务数字化转型迫在眉睫。"放管服"改革以来的系列相关文件对政务服务数字化转型提出了总体思路、发展方向、重点任务，为住房公积金数字化转型提供了政策依据。而近年来各行业的"互联网+政务服务"案例，也为住房公积金服务创新和数字化转型提供了良好的、可复制的实践经验。

6.2.7.2 项目功能

政务服务数字化转型对决策分析体系、风险防控体系、数据治理体系三方面的设计，以及对政务服务的供需、流程和功能三方面的设计提出了新要求，由此，眉山市政府建设了眉山市住房公积金数字化转型项目。

项目通过贯彻行业标准，促进"数据+业务+财务"融合。眉山率先完成"双贯标"试点，并通过"双贯标"统一基础数据标准和资金结算模式；通过一体化系统设计，经过三次系统升级改造，实现业务系统一体化、信息资源集约化、业务流程标准化、业务办理高效化；市住房公积金管理中心与市档案局制定档案标准，联合印发《眉山市住房公积金业务档案管理暂行办法》，成为四川首家统一规范公积金业务档案管理的机构，实现业务档案电子化；构建1个平台、8条服务渠道、链接外部平台的"1+8+N"服务体系，推动线上线下服务协同，通过统一受理和集中审批推广实现"全域业务化"，通过对接外联接口实现推动数据共享开放。

6.2.7.3 关键技术

安全认证技术。采用CA数字证书认证，保障操作可靠性；采用人脸识别、动态验证码、支付宝实名认证，确保本人授权；采用HTTPS安全协议，保障数据传输完整和保密。

数据挖掘与分析技术。建立大数据基础支撑平台，提供数据仓库建模、数据安全脱敏、数据挖掘算法包、用户画像等核心技术，对数据进行统一封装、管理、汇聚。

业务流程规则引擎技术。后台根据业务指标需要配置业务规则，同时设定规则流向及应用范围，业务提交后由系统自动判断。

区块链防伪验真存证技术。采用蚂蚁联盟链将各渠道业务以及相关表单证明等，经过运算处理，上链hash值，确保数据防篡改。

6.2.7.4 建设成效

持续贯标升级，实现系统一体化、资源集约化、数据标准化。项目实现了总账、明细账、日记账"三账合一"和资金实时结算。依托住房公积金电子化稽查工具和全国住房公积金监管平台，通过基础数据贯标和持续数据清理，显著提高基础数据质量。同时，上线大数据可视化感知系统和决策分析系统，对公积金业务运行情况进行可视化分析展示。

推行档案数字化，实现住房公积金"绿色"服务。截至2021年年末，公积金业务档案电子化率达90%以上，存量影像资料达322万张，大大节省了缴存职工的办事成本。流程资料去繁从简，政务服务提质增效。自2013年以来，先后优化流程30多项，减少资料50多项，服务效率大大提升。

线上线下融合，实现多样化、全天候、一站式服务。实现"1+8+N"多样化服务渠道，八成以上业务可实现网上即时办理，所有柜面业务可一次性办结。

推行全域业务通办，实现服务的规范化和标准化。在全省率先实现业务全域化，业务统一由前台接件或全网受理初审后，由后台审批中心网上集中审批，实现了全市服务规范化、标准化。

（案例提供：眉山市住房公积金管理中心）

6.2.8 "以数赋智"推进成都人力资源社会保障数字化转型

6.2.8.1 项目背景

习近平总书记提出"要运用大数据提升国家治理现代化水

平""要运用大数据促进保障和改善民生""用好大数据、布局新时代"的重要论断，为推进国家治理体系和治理能力现代化打开了一条科技驱动、数字赋能的新路径。成都市人力资源和社会保障局按照成都市委、市政府建设智慧蓉城的部署要求，围绕构建"王"字型智慧治理架构，依托成都人社智慧治理中心，聚焦"公共安全、公共管理、公共服务"三大领域，优化提升强化数字化思维、数字化认知，建好用好城市生命体征指标体系，积极推动线上线下高效协同、联勤联动，打造多元智慧应用场景。

6.2.8.2　项目功能

成都人社智慧治理中心初步构建"12344"智慧人社现代治理新模式，即：建成人社智慧治理指挥中心，创新数据、智能"两大引擎"，构建起业务、综合、大数据"三类主题"，通过数据、业务、智力、生态"四维融合"，初步实现智惠群众、智能治理、智联业务、智控风险的场景应用，如图6-14所示。

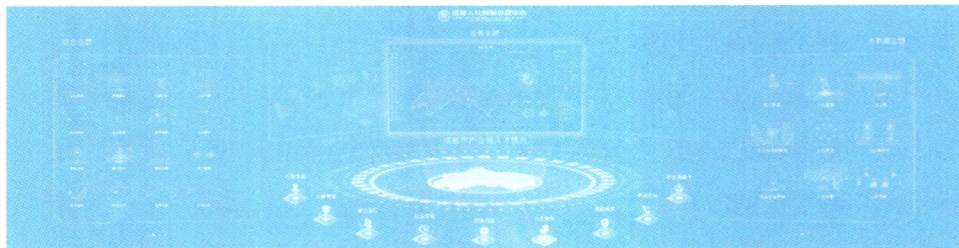

图6-14　成都人社智慧治理中心平台

6.2.8.3　关键技术

建立标准。为了适应国家数据资源智慧治理发展的新趋势，进一步统筹指导和规范人力资源社会保障智慧治理数据资源建设，制定了《成都市人力资源社会保障智慧治理数据资源体系 基础数据规范》《成都市人力资源社会保障智慧治理数据资源体系 数据资源分类与编码》《成都市人力资源社会保障智慧治理数据资源体系 数据资源目录管理规范》三项标准，由成都市市场监管局正式发布为成都市地方标准，属于全国首创人社智慧治理类标准。2022年在此基础上新增编制了《成都市人力资源社会保障智慧治理体系 数据应用服务技术规范》，该标准已通过专家初审。未来将进一步加强标准化建设工作，形成完善的智慧人社标准化体系。

汇聚数据。内部实现成都市人社系统就业、社保、人才、人事、劳动关系、公共服务六大业务板块数据的集成融合；外部通过业务协同，实现部、省、市三级26个部门数据共享共用。迄今共汇聚各类数据超600亿条，初步做实人社数字底座。

规范治数。基于汇数成果，在全国人社领域率先制定发布三项智慧治理数据地方标准；综合运用三大类共306项治数规则，同时从业务服务场景、人社热点话题、社会时事风向三个方向对数据进行深度挖掘分析，形成行业景气度与稳定性预测、企业缴费能力预测等23项具有人社特色的原创算法模型，对现有的人社行业数据进行数据挖掘，经过数据观察、算法建模、模型评估等步骤，生成算法模型，完成预测、风险识别等功能。截至2022年底，已有近9000万原始数据参与算法模型训练，每期算法模型处理的结果数据约为800万。目前已形成数据、智能"两大引擎"为支撑的"人社大脑"。

智慧用数。成都人社因时应势，积极探索创新服务模式，推动数据共享，推进业务协同，充分挖掘大数据价值，主动精准服务，实现数据多跑路、群众少跑腿。重点在推动跨部门、跨业务数据共享应用。融合分析人社内全业务数据，并通过与民政、卫健、网络理政办、公安等多个部门数据共享，确保数据多跑路、群众少跑腿，推动实现"静默认证""免申即享"等主动精准服务成为人社服务新常态。

6.2.8.4 建设成效

成都人社智慧治理中心创新"1+5"标准体系，以"贯标定标"推动"治"数之治。按照"有标贯标，无标定标"的原则，在全国范围创新打造人社智慧治理样本。一是以"通用标准为基础、业务版块为核心"，创新构建起包括总体类、数据类、应用类、安全类、运维类、评估评价类的"1+5"标准体系，形成"建设—管理—应用—运营—评价"全生命周期的人社智慧治理模式。二是注重分布突破。依托前期汇数优势，梳理人社20个信息子系统十万级数据字段和各业务板块的标准规范，引入国家标准、行业标准及地方标准，在全国率先发布人社智慧治理"基础数据规范、分类编码、资源目录"3部地方标准，首次实现"人社业务标准"和"数据技术标准"融合共建，为数据资源的发现、定位、管理、运用提供了标准支撑。三是注重研用结合。坚持标准研发与大数据治理同步开展，围绕法人和自然人两大服务主体，创新数据清洗通用规则、数据验证业务逻辑规则和数据转换规则，形成结构清、层次明、好使用的智慧治理数据信息，实现从"数据资源"到"数据资产"的质变。

（案例提供：成都市人力资源和社会保障局）

6.3 公共服务篇

6.3.1 内江市区域互联网诊疗服务平台应用

6.3.1.1 项目背景

2018年4月28日，国务院办公厅印发《关于促进"互联网+医疗健康"发展的意见》（国办发〔2018〕26号），要求健全"互联网+医疗健康"服务体系。2019年11月28日，四川省政府办公厅印发《四川省推进"互联网+医疗健康"示范省建设实施方案》（川办发〔2019〕64号），要求大力发展"互联网+医疗健康"新技术、新模式、新业态，持续改善群众就医体验，减轻医护人员负担，提高医疗机构服务效率，促进医疗资源纵向流动，提升行业治理水平。当前内江市医疗服务优化不足、城乡医疗资源分布不均、基层群众"缺医少药"问题凸显。

6.3.1.2 项目功能

在国省相关文件精神指导下和基于内江市医疗服务面临的难点、堵点、痛点问题，以及为了贯彻落实"互联网+医疗健康"发展要求和高质量推进"健康内江"建设，内江市政府整合行业资源、优化资源配置、统筹城乡协调发展，建设内江市级区域互联网诊疗服务平台。

平台具备如下功能：为患者线上提供复诊购药选择，以及严格按照相关规定规范保护医院服务提供方和患者合法权益，为患者提供专科、全科服务包、医疗服务保险；通过电子化处方共享平台，对流转处方开展全流程实时监控，同时通过CA认证等技术，保证信息系统中处方的真实性与不可篡改性；通过熟悉患者、医疗机构、银行、商业保险等各方服务需求，打造高效、便捷、完整的院内外综合支付结算服务和搭建快捷支付平台；通过构建医防融合服务体系和全周期整合型医疗健康服务，推进城乡医疗健康服务供给侧创新发展；基于区块链技术，高效赋能医疗营商生态环境优化。

6.3.1.3 关键技术

形成三位一体的城乡区域互联网诊疗服务体系。项目搭载了互联网医院平台等13个业务场景系统，并联通了区域内22家二级以上公立医疗机构、2家私立医疗机构及116家基层卫生机构。

形成内江市区域互联网诊疗服务平台总体架构。基于服务平台，建立横向与全民健康平台互联互通，纵向与各级医疗卫生机构的贯通的基础层架构；通过平台建设，建立各级医院医疗卫生服务资源数据的整合利用的平台层架构；通过"互联网+医疗健康"应用、远程会诊+双向转诊+加家庭医生电子签约服务建设、医疗行为风控和医疗教育、商保在线理赔服务和区块链医疗供应链金融建设，建立平台应用层架构；通过区域互联网医院监管平台，建立平台监管层架构。

形成内江市区域互联网诊疗服务平台建设规范。通过研究遵循《关于促进"互联网+医疗健康"发展的意见》等政策性规范18条、WS 370—2012《卫生信息基本数据集编制规范》等医疗信息规范25条、GB/T 36958—2018《信息安全技术 网络安全等级保护安全管理中心技术要求》等信息安全规范8条，构建平台身份鉴别、访问控制、数据库审计、综合日志审计、防病毒软件、入侵防御系统、云安全管理评估等安全服务系统。

6.3.1.4 建设成效

2021年内江市互联网医院建设实现零突破，市一、二医院依托该服务平台，建立与互联网医院线上线下相适应的融合服务模式和闭环管理机制，正式取得互联网医院牌照，可线上向患者陆续提供部分常见病、慢性病图文问诊、复诊、电子处方（续方）、在线审方、药品配送和健康咨询、随访管理等智慧医疗健康服务。

平台建设推进了"互联网+医疗健康"示范市建设，探索了区域互联网诊疗服务集约高效建设路径、多元运营集成创新的"内江实践模式"，打造了新技术、新模式、新生态、新动能支撑引领卫生健康事业高质量发展范本。

（案例提供：内江市卫生健康委员会）

6.3.2 面向城市轨道交通客运服务的大数据标准化应用

6.3.2.1 项目背景

受新一轮科技革命和产业变革推动，我国城轨交通行业信息化建设步入快速发展阶段；同时随着云计算和大数据等新兴信息技术的飞速发展，京沪等先行城市的智慧车站建设已经起步，一批后发城市跃跃欲试，要求加强智能智慧建设的行业指导成为普遍呼声，研究相关政策的条件趋于成熟。加之城市轨道交通是全面开启建设社会主义现代化强国的重要支撑，是建设现代化经济体系的先行领域，也是建设交通强国和智慧城市的重要组成部分。在此背景下，智元汇公司于2019年联合地铁公司共同开展基于客运服务领域的大数据标准化研究及应用工作。

6.3.2.2 项目功能

为打破四川客运领域中各业务模块分散建设模式，解决业务数据定义不统一、数据管理难、质量低、应用不足等难题，智元汇公司对标国家标准和四川省大数据标准体系框架及标准体系表，形成地铁公司的标准体系框架，包括基础标准、数据标准、技术标准、治理与管理、安全隐私、应用标准和平台/工具标准等七大类标准体系。

该项目围绕"优质乘客服务体验、高效客运生产管控、智能客流管控分析"的目标，拓展对外乘客服务渠道、深化客运专业管理力度、优化客运专业业务管理体系、强化客流数据分析运用、提升车站级客运状态感知能力，致力于打造"智慧客运服务管控中枢平台"。

6.3.2.3　关键技术

通过调研盘点成都地铁既有数据资产，构建元数据、主数据、全局数据模型标准要求，并建立城市轨道客运服务领域的数据治理体系。

运用批流协同计算技术，将离线、实时、高并发等多种形式数据采集处理整合起来，构建了数据分类及采集参数模型库。

形成数据可视化标准及指标体系，能够支持从海量数据中检索准确的数据，并支持自助高效的数据查询分析，有效提升业务报表、辅助决策、状态监控等业务工作的效率。

基于客流量规律挖掘和OD（起始车站—目标车站）模型，根据实时和历史同期数据，预测未来客流变化情况；建立城市轨道交通短时、短期客流预测系统，通过图表的形式对外发布客流出行过程。

6.3.2.4　建设成效

通过建立客运数据标准化体系和数据管理标准体系，为客运服务领域的大数据平台奠定基础，为城市轨道公司各级管理者提供科学决策依据，为企业发展增添新活力、培育新动能，最终有利于形成城市轨道运营管控治理新范式。建成数据识别、数据编码、数据来源、数据审核、数据维护、数据归档、数据清洗等客运数据标准体系，有效解决数据对内对外输出不一致等问题，也为后续的流程再造提供支撑。建成数据的使用、数据的备份、数据的恢复、数据存储介质的保管、数据的清理和转存、数据的保密等数据管理体系，有效解决多业务领域数据的管理、数据的使用、数据的维护等问题。

（案例提供：成都智元汇信息技术股份有限公司）

6.3.3 卧龙大熊猫国家公园数字平台建设与实践应用

6.3.3.1 项目背景

卧龙国家级自然保护区的信息化建设历经多年，相继建成了"数字卧龙"、科研监测平台、智慧卧龙综合管控平台、森林防火监控平台、山洪预警系统、旅游视频监控平台、网格化管理平台等，奠定了良好的信息化基础。但是由于各系统建设时间不一，有些系统的建设达8年以上，需更新升级，且各类业务系统相对独立运行，缺乏信息交互机制和手段，导致数据无法综合利用，亟须采用先进技术手段对各系统和数据进行融合。

2019年，国务院办公厅印发《关于建立以国家公园为主体的自然保护地体系的指导意见》，全面推进建设以国家公园为主体的自然保护地体系，并提出建立自然保护地生态环境监测制度，建设各类各级自然保护地"空天地一体化"监测网络体系。

四川卧龙国家级自然保护区几乎全域纳入大熊猫国家公园。国家公园体制试点期间，四川卧龙国家级自然保护区管理局申报立项了《卧龙大熊猫国家公园保护利用设施项目》，建设了卧龙大熊猫国家公园数字平台。

6.3.3.2 项目功能

对保护区野生动物监测及数据处理进行了创新开发与研究。红外相机实时传输系统以红外触发拍摄技术为核心，充分利用超短波通信传输距离远、绕射能力强、抗损能力强等优点，结合互联网技术、云计算技术、网络地图技术，实现了红外感应拍摄、影像自动传输、物种AI识别、数据自动汇总、相机遥控遥测等多种功能。项目搭建了卧龙大熊猫国家公园大数据资源共享平台—数据中台。数据中台采用单点登录、统一身份认证技术实现一站式服务，同时向保护区各级用户提供全方位、不同层次的大数据服务。此外，无论是服务门户还是各类应用的入口，提供访问链接用于跳转到相关应用。卧龙大熊猫国家公园大数据智能分析平台利用人工智能技术、空间分析技术和卫星遥感技术对保护区时空大数据进行挖掘分析，将专业分析能力提升为可以为相关业务服务的"算法中台"，为相关单位提供辅助决策，实现对国家公园智能化科学化的管理。

6.3.3.3 关键技术

超融合数据中心。超融合数据中心是基于Openstack的超融合构架构建的IaaS层云资源池，实现了虚拟化的计算、网络、存储和云管理的整合，能够实现统一化、智能化、灵活化的业务支撑和运维，并易于扩展。

时空大数据中心。卧龙大熊猫国家公园时空大数据信息服务平台以融合计算中心为基础，建设时空大数据中心，实现面向各类业务平台的数据服务和算法服务。基于标准数据规范，整合各部门数据，围绕数据汇聚整合、处理、提取，实现数据从源头到成果的可持续接入、更新和管理；基于数据中心的数据资源，利用两个平台提供的数据分析功能，搭建了三大类业务体系。

超短波+微波传输技术。项目中的红外相机先通过内置的超短波数传模块与附近的超短波接收基站进行通信，接收基站再通过微波设备与附近的运营商网络进行通信，最后通过运营商把照片与视频传回系统中，如图6-15所示。

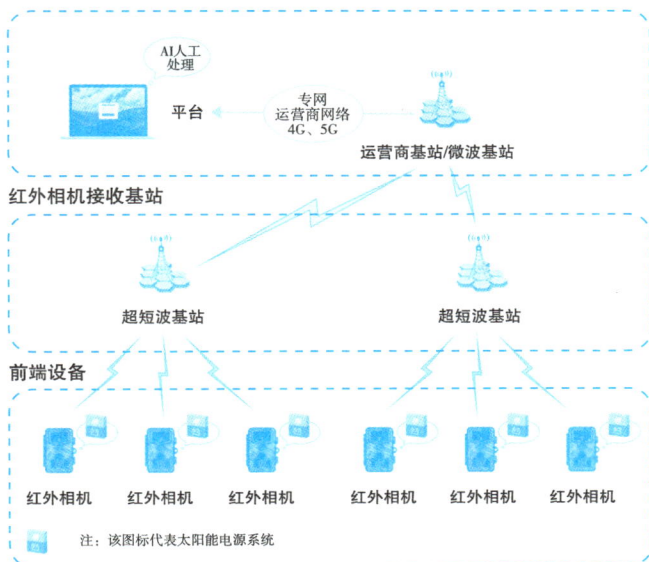

图6-15 超短波+微波传输技术

6.3.3.4 建设成效

通过卧龙大熊猫国家公园数字平台，建立了"天—空—地—人"立体感知体系，能够获取区域综合生态环境要素各类监测信息。此外，平台利用大数据分析实现了业务的智能化管理，并使用人工智能监测识别野生动物的照片，有效节约了人力成本。

本次项目在前期信息化建设的基础上，规划和优化布局，深化智慧引领，打造"一张名片（国家公园）、两个中心（超融合数据中心和大数据中心）、三类业务体系（卧龙之窗、卧龙脉搏、卧龙与您）"的大熊猫国家公园数字平台，探索"智慧国家公园"建设模式。

（案例提供：四川汶川卧龙特别行政区）

6.3.4　雅安政府投资审计分析平台应用

6.3.4.1　项目背景

2017年审计署提出投资审计"三个转变"，指出投资审计要逐步从传统投资审计向现代投资审计转变，大力提高公共投资审计信息化、智能化技术应用水平，推进公共投资审计能力和技术手段现代化。同时，在审计全覆盖的目标要求下，雅安投资审计现有的审计力量和信息化水平，难以有效拓宽审计监督覆盖面，迫切需要加快信息技术与投资审计业务的深度融合，构建政府投资审计分析平台。

6.3.4.2　项目功能

建立项目全过程基础信息库。横向联通政府投资项目运行过程涉及的主管部门、监督部门和建设单位等，采用网络传输数据、远程监控等思路构建基于项目信息共享的审计大数据平台，设置收集数据指标，建立政府投资项目审计数据库。

实现异常数据的实时监控预警。强化对收集的大规模项目数据的预处理、分析、挖掘及可视化，建立重点项目风险模型架构，实时跟踪捕获项目异常信息，辅助审计人员发现项目在招标投标、隐蔽工程、工程变更、结算办理等关键环节中存在的问题。

6.3.4.3　关键技术

创新数据采集模式，统一数据标准。通过网络传输、远程监控、系统互联、政务数据共享，以及为建设单位提供统一数据接口等多方式、多渠道采集项目相关数据，并设计制定数据采集统一标准、规范、格式和数据字典，有效解决了"信息孤岛"这一问题。

创新审计数据分析方式。在传统投资审计中，大规模的数据分析往往需要借助第三方计算机软件，并且需要审计人员能够熟练应用软件，审计平台通过将数据分析的思路、步骤和方法固化为数据分析模型，建立健全风险指标体系，就可以实现数据的自动化分析，极大地减轻了审计人员的基础工作，提高了审计质量和效率。

以接口方式获取招标投标数据。在与市公共资源交易中心的数据共享中，为提高数据的应用效率，除共享服务器存储备份的招标文件、投标文件等通用格式文件外，还通过开发数据接口的方式，直接获取评标系统的库表数据，实现数据拿来即可应用、即可分析，提高了数据应用效率。

建立项目风险预警指标体系。根据审计实践和采集的项目数据，结合"项目问题负面清单"，建立了项目风险指标体系，实时监控项目推进情况，及时发现项目建设管理中存在的困难和问题，护航重点建设项目顺利推进。根据审计问题分类，研发了建设程序、合同履行、项目推进等五大实时监控预警板块。

6.3.4.4　建设成效

雅安政府投资审计分析平台属于业务数据分析系统，有别于管理系统，对投资审计业务工作有积极的推进作用，它拓宽了审计监督的覆盖面，提高了审计监督的质量效率，有效解决了审计力量不足的问题，深刻践行了"总体分析、发现疑点、分散核实、系统研究"的数字化审计方针。投资审计由传统的事后审计转变为实时审计，由"现场核查"单一审计模式转变为"数据分析+疑点核实+问题查证"的数字化审计新模式，从而辅助审计人员及时发现问题，快速找出问题根源，准确提出审计建议，实现了重大项目常态化"经济体检"。

投资审计分析平台的经验做法作为雅安唯一典型案例上报省政府，得到省政府的充分肯定，入选《四川典型材料经验汇编》并上报国务院督查组。同时，市审计局"三坚持研发应用投资审计分析平台、护航雅安经济高质量发展"案例，被市委依法治市办评选为雅安2021年度依法治市"十大以案释法案例"。

（案例提供：雅安市审计局）

6.3.5　绵阳市公交行业大数据标准应用

6.3.5.1　项目背景

一直以来，绵阳公交在组织架构和信息技术上存在短板。一方面组织架构复杂，人员多但缺乏专业人才，管理体制僵化、经营观念滞后、线路排班和线网规划不科学问题凸显；另一方面缺少一体化和智能化车载硬件、高性能服务器、高速网络投入，各系统独立、数据变化无法同步，数据采集难度大、成本高。

《国务院关于印发"十四五"现代综合交通运输体系发展规划的通知》（国发〔2021〕27号）中提出了"第五代移动通信（5G）、物联网、大数据、云计算、人工智能等技术与交通运输深度融合"的发展目标。实际工作中，绵阳公交产生的交易数据、调度数据、监控数据量大，但数据利用挖掘率低；技术和业务的专业团队难以寻觅，系统众多、分散，缺少数据分析运算的过程和功能。

6.3.5.2　项目功能

2019年以来，绵阳市公交集团通过3年调研拟在现有智能公交基础上建设智慧公交，通过信息技术手段，实现线网可信优化和科学调度、保障民生安全、提升服务质量，提高城市公共交通服务水平和效率，缓解城市交通拥堵和资源环境的压力。

该项目通过主数据管理（Master Data Management，MDM），实现公交公司的核心信息复用，并使得各应用核心数据保持一致性，最终减少应用程序之间的对接成本，降低了数据清理的成本和数据冗余。

通过构建数据仓库系统，从数据获取（Data Acquisition）、数据存储（Data Storage）、数据访问（Data Access）3个关键部分为用户从数据中获取信息和知识提供各种手段。

通过驾驶员行为分析，获取驾驶员实时驾驶数据，识别驾驶员各种异常动作姿态，分析预警危险驾驶行为，同时对于分析的结果数据再次进行二次深度分析，可为驾驶员考核提供数据支撑。

通过客流分析与仿真，基于绵阳公交自有数据进行OD分析叠加第三方机构数据（"灯塔"公交线路敏感字采集、网络问政、12345、121328、大型互联网公司行为画像等），实现客流分析和仿真功能。

6.3.5.3 关键技术

数据治理关键技术。基于现有问题，数据集成平台建设主要分为基础数据抽取、基础数据清洗、数据治理、数据适配以及数据可视化展现和统计分析等步骤。在此基础之上，对客流、线网、指挥调度的监控等进行分析优化，形成综合服务站台管理平台和综合调度指挥平台。

数据融合关键技术。数据治理模块融合元数据、数据标准、数据质量、数据集成、主数据、数据资产、数据交换、生命周期、数据安全等功能，每个功能模块可互相调用，全程可视化操作，打通数据治理各个环节，快速解决绵阳公交集团的不同数据治理场景问题。

调度指挥仿真技术。根据绵阳公交的组织架构，调度组根据调度生产单对参与全线网运行车辆下达调度指令，指挥组可监测全线网车辆运行情况，密切关注关键时间节点行车计划与执行超出阈值的报警，以及客流预判曲线与实际客流契合度超出阈值的报警，并根据系统生成的建议调整单综合研判后向调度组下达调整调度指令。

6.3.5.4 建设成效

项目建设过程中采用分布式微服务的形式对数据抽取、统计等功能进行拆分，保障系统的高效、稳定运行，并且通过微服务架构的实施，提高开发、运维、升级上的灵活性。该平台系统在建设中使得各个组件以及功能模块的设计时充分考虑程序的复用性以及高可用性，确保平台能够复用的同时保持高效的稳定性和安全性。该平台不仅满足了绵阳公交集团的业务功能需求，也对获取到的数据进行了大数据分析，可为其他交通行业提供可复制的大数据分析软件。

（案例提供：四川互慧软件有限公司）

6.3.6 面向职业院校全量数据治理的一体化教育中台应用

6.3.6.1 项目背景

2021年7月，教育部等六部门发布的《关于推进教育新型基础设施建设构建高质量教育支撑体系的指导意见》（教科信〔2021〕2号）指出：坚持创新引领，深入应用5G、人工智能、大数据、云计算、区块链等新一代信息技术，充分发挥数据作为新型生产要素的作用，推动教育数字化转型。

随着职业院校信息化的建设和应用程度的不断提高，各个业务系统不仅要集成用于相互共享交换的基准数据，而且需要集成用于大数据多维交叉分析挖掘的业务数据、历史数据，甚至还包括行为数据、智能设备的机器数据以及教学资源等半结构化、非结构化数据。数据集成体量远远大于智慧校园建设过程中共享库的要求，因此，对今后学校大数据采集、清洗、加载和数据交换的实时性、高效性、安全性和稳定性提出了更高的要求，迫切需要建设统一门户、统一身份、统一数据和数据治理服务公共服务平台。

6.3.6.2 项目功能

当前教育行业职业院校信息化工作存在诸多亟待提高与改进之处，主要体现在数据开放共享难、数据采集标准不一和数据应用程度不高等方面。为解决这些问题，面向职业院校全量数据治理的一体化教育中台，通过顶层设计及规划建设实现学校统一、权威的数据标准，贯穿学校所有业务系统，并将学校数据全局整合，实现所有业务系统管理系统的数据实时同步与共享，以提升学校办事效率，提高学校服务质量。

6.3.6.3 关键技术

搭建校级信息标准。根据GB/T 36342—2018《智慧校园总体框架》规划建设，信息标准为数据库设计提供了类似数据字典的作用，为信息交换、资源共享提供了基础性条件，如图6-16所示。信息标准提供对数据标准集进行浏览与维护，可对学校标准的模式和样例数据进行展示；提供参照代码标准、执行代码标准模式的新增、数据浏览和维护，支持执行标准与参照标准的对比。

原始数据仓库建设。建立覆盖全域数据、结构层次清晰、数据准确一致、性能提升与方便易用的数据仓库，包括数据的全量原始库建设、标准化数据仓库建设、应用模型主题库建设、数据管理及检索平台建设。

数据质量管理。从数据质量监控出发，构建数据质量规则体系，并在数据质量规则体系的基础上，建立数据质量监控的任务管理、调度和规则执行体系。

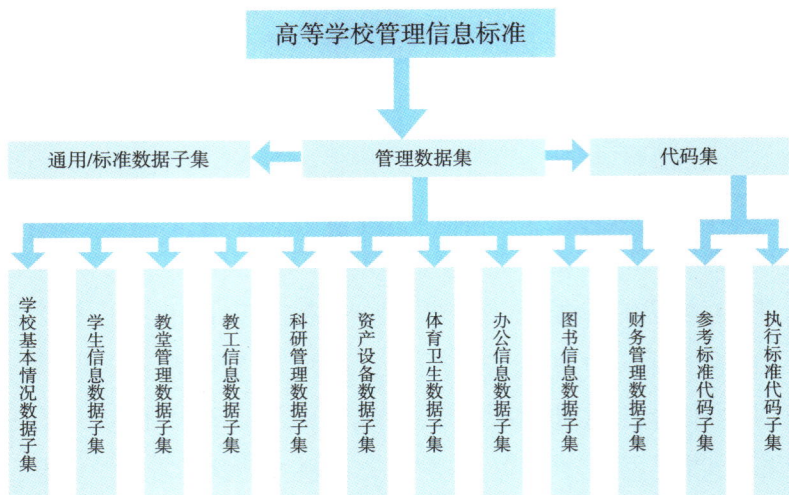

图 6-16　高等学校管理信息标准体系

数据开发。数据清洗与转换，把数据中的脏数据进行过滤，把多个数据源中同一个属性的描述统一表示。

6.3.6.4　建设成效

一体化教育中台为职业院校构建了统一的教育信息化服务平台，提升了教育活动中人员的决策分析能力，提升了数据价值，实现了资源信息共享，并有效降低了管理维护成本。平台可以帮助职业院校整合众多的业务和应用系统，实现全量数据治理，实现对数据质量、数据生命周期、数据安全的标准化和统一化建设，促进数据全面融合和共享开放，帮助学校提升信息化服务能力，助力学校管理服务提质增效，推进校园数字化转型。可推广应用于教育局、职业院校等多个教育教学服务领域，促进相关行业领域的数字化、智能化转型和有关技术的标准化、规范化发展。

（案例提供：四川君逸数码科技股份有限公司）

6.4 产业发展篇

6.4.1 核能大数据标准化智能治理与应用平台

6.4.1.1 项目背景

核工业的全产业链涉及科研、设计、制造、建造、运行、维修、退役等各个阶段，其具有产业链长、专业性强、核安全监管严格等特点。同时，核工业全生命周期跨多个工业门类，单个项目涉及多家企事业单位，产生数据具有分布广泛、数据量大、结构多样化等特点。图6-17为核工业全产业结构示意图。

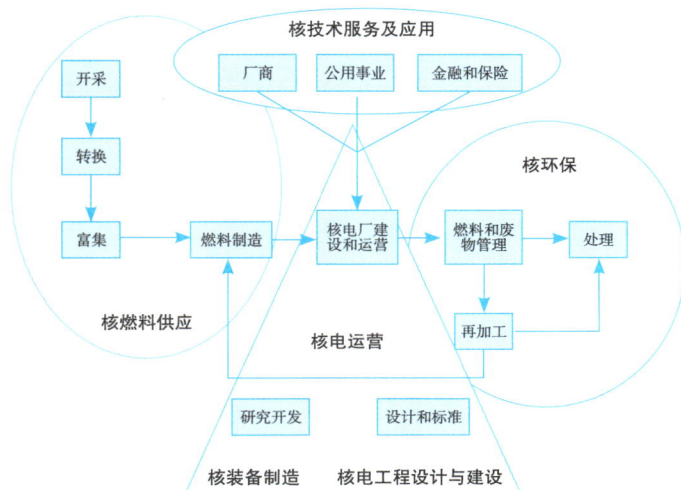

图6-17 核工业全产业结构示意图

随着核行业领域数据规模的日益增长及数据挖掘利用需求的不断发展，原有基于各信息管理系统进行数据治理的应用架构已难以满足需求。因此，研究并构建符合核行业数据特点和应用需求的大数据技术及相关标准规范体系，研发完整的集数据采集、存储、治理及应用为一体的核能大数据标准化智能治理与应用平台，是提升核行业全生命周期智能化水平，助力核行业创新发展的重要手段和有效途径。

6.4.1.2 项目功能

核能大数据标准化智能治理与应用平台采用全链路数据加工与质量控制及面向复杂多模态数据的智能提取技术，按照数据特点和不同的应用场景，实现了非结构化数据的高效转换，依托平台实现数据治理和应用的流程化、规范化、标准化，有效解决了核动力数据来源不一、形式多样和质量参差不齐等问题。此外，利用基于业务对象的数据动态组织方法，针对数据进行主题域管理，建立统一的数据组织、数据质量等标准，提高海量多源数据采集、存储、管理、提取、识别与分析服务能力，实现多源异构数据的解析、提取、清洗、汇聚等数据治理，提高数据质量，为核能数据智能应用的开展和核行业创新发展提供高效、可靠的数据结构化和标准化平台。

6.4.1.3 关键技术

依托核能大数据标准化智能治理与应用平台，中国核动力研究设计院打造了大数据、人工智能等新一代信息技术与核行业的生态型业务架构模式，构建新型以数据驱动的服务应用体系和标准化业务流程，以数据运营带动生态发展，以平台支撑应用创新，面向核动力科研、设计、制造、建造、运行、维修、退役全产业链提供创新应用和赋能，助力核行业数字化和智能化发展。

标准体系建立。核能大数据标准体系主要包含核能大数据技术标准、核能大数据管理与治理标准、核能大数据应用标准、核能大数据安全标准等。核能大数据技术标准包括全生命周期数据处理技术标准、数据交互技术标准；核能大数据管理与治理标准主要包括核能大数据管理规程、数据资源管理标准、数据质量管理标准、主数据及元数据管理标准；核能大数据应用标准主要包括平台/工具集成规范，应用服务/应用领域规范。核能大数据安全标准主要包括数据安全技术措施规范、数据安全管理策略规范和数据使用管控规范。

设计研发赋能标准化。赋能设计研发主要依托平台提供面向研发领域的标准化数据基础、标准化治理手段、标准化支持应用等。数据基础的标准化是实现平台功能标准化的前提，为高精度数值模拟软件的研发等研究提供验证数据；治理手段的标准化是实现平台功能有效性的关键，挖掘反应堆参数之间的关联关系，生成数据相关性模型，为机理认知水平的提升提供参考方向；支持应用的标准化是实现平台推动研发转型的依托，建立核能全周期履历，使设计人员全面完整地掌握相关信息，提升认知水平，并精准及时地反馈到设计活动中。

运维保障赋能标准化。随着我国具有自主知识产权的第三代压水堆核电"华龙一号"工程建设顺利推进，为保障核电机组的健康运行，依托核能大数据标准化智能治理与应用平台，重点利用时序数据接入、解析、存储管理、数据服务、数据分析工具和其他公共组件，以标准化接口形式进行数据和功能应用的输出，构建反应堆状态监测和智能诊断系统，可实现核电厂历史数据的离线装载和实测数据的实时高效接入。通过数据解析、数据清洗与预处理、数据标签标注等治理技术，以统一架构和功能视图，实现多源异构数据的组织管理和主题汇聚，将所构建的振动噪声模型、疲劳监测模型、故障诊断模型等以模型容器方式集成到系统中，并面向上层应用提供状态监测及智能诊断服务。

6.4.1.4　建设成效

核能大数据标准化智能治理与应用平台该系统有效提高了核电厂运行的可靠性，降低了因关键设备性能退化至出现异常故障停机造成的电厂经济损失的可能性，提高了电厂的智能化水平和经济性，是以基础平台和数据的标准化有效支持运维保障的典型应用场景。可形成面向核行业全产业链数据应用、共享的大数据应用平台，可为核动力设计、制造、运行等全产业链提供流程化、规范化、标准化的大数据技术支持。可直接应用于"华龙一号"等在建在役核电以及新型核动力技术研发。本项目中形成的海量多源异构数据治理经验和方法可推广应用于机械制造、化工石油、电子等多个传统工业领域。

（案例提供：中国核动力研究设计院）

6.4.2　面向航空复杂装备的工业大数据标准化应用

6.4.2.1　项目背景

成都飞机工业（集团）有限责任公司依托科工局重点项目复杂装备数字化研制管理示范工程，联合飞机研制单位和配套厂，面向型号统筹各单位信息化建设，建立基于单一数据源的数据管理标准，为解决不同企业间数据定义不一致、产品研制状态管理效率低、交付部队数据质量差的问题，构建了一套数字化协同研制管理环境，实现航空复杂装备数字研发能力的增强和智能制造水平的提升，形成了复杂装备研制数据标准体系并产出了一批科技成果。

以往的大型系统建设一般是先实施后定标准，在设计时就形成了数据孤岛，导致各应用系统相互独立，端到端的飞机研制数据无法双向贯通。为解决以上问题，航空工业成飞牵头成都飞机设计所、西安飞控所、洛阳光电所等多家单位组成信息化标准工作组，在项目初期联合开展标准编制。

6.4.2.2 项目功能

项目初期组建总体组开展标准策划，围绕产品研制主线，覆盖产品研制全过程的数据采集、存储、建模和应用，并在项目实施过程中进行贯标验证，对标准进行迭代优化，确保标准可落地、可执行、操作性强。

形成的标准成果同步申报团体标准、行业标准，在行业内组织15家单位形成专家团队协同编制，经过多轮评审，已发布2项团体标准，形成面向新一代飞机研制的标准示范。

对标国际、国家及行业等先进标准体系框架，首次发布了数据全局建模，xBOM数据定义等一系列标准，填补航空装备行业重点领域标准空白，初步形成"中国特色"的数字化协同研制标准体系。

6.4.2.3 关键技术

以规范的元数据和统一数据模型构建方法，建立了数据架构推导的层次模型，构建了面向飞机设计、制造、生产和保障的全局数据模型，实现业务架构和数据架构的一致表达，形成了复杂航空装备数据治理体系。

发布了《设备数据采集规范》《数据存储技术规范》《数据预处理技术规范》等相关标准，规范了工业设备数据采集接口协议要求，构建了数字化设备采集参数模型，面向不同数据类型提出了存储结构转换标准，为后续工业大数据的挖掘分析应用奠定了基础。

发布了《可视化UI设计规范》《可视化系统主题指标设计技术规范》等标准，形成了面向复杂组织的全视角、多维度运营管控指标体系，支撑管理透明化、决策科学化，实现数据"看到见""摸得着""管得住"。

6.4.2.4 建设成效

项目构建了成飞公司统一权威数据底座，有效解决了信息孤岛、数据断点多、难共享的问题，数据断点数量减少60%，数据质量提升30%；规范了20余种生产加工类设备采集接口协议和198类检验设备的参数解析，为数字化车间建设提供实时数据支持；建立了智慧管控中心，形成了"1+5+11+X"的数据驱动决策整体架构，数字化转型典型成果入选"中国智能制造十大科技进展"。

[案例提供：成都飞机工业（集团）有限责任公司]

6.4.3 建筑行业物资供应链管理服务平台信息编码规范化应用

6.4.3.1 项目背景

建筑行业供应链管理平台是基于协同供应链管理的思想，配合供应链中各实体的业务需求，使操作流程和信息系统紧密配合，做到各环节无缝链接，形成物流、信息流、单证流、商流和资金流五流合一的模式。随着建筑行业物资供应链平台业务量的增加，数据量越来越大，平台信息编码的规则体系的统一建立迫在眉睫。在现有的各业务系统以及线下业务流程中，信息编码规则未统一，编码规则标准化未实现，无法有效进行信息共享，这将严重影响系统之间的信息传输交换效率，从而降低整个平台的工作效率。

6.4.3.2 项目功能

为促进企业内部系统之间形成数据交互，实现数据匹配和验证功能，解决数据孤岛问题，四川华西集采电子商务有限公司联合四川华西集团有限公司、成都市标准化研究院针对建筑行业供应链管理服务平台进行编码，建立了T/CDDSQY 001—2020《建筑行业物资供应链管理服务平台信息编码规范》。

该编码规范不仅能够在实际应用中对建筑行业供应链管理中涉及的组织、服务、物料等信息进行规范，保证管理平台的高效顺畅运行，还具备以下五大功能：用编码表示物料的各种状态和节点，使得系统后台无须再建单独的物流跟踪系统；可公开查询基于区块链技术的物流服务质量编码，实现了数据的公开透明；物料物流服务效率评价码是基于大数据标准，能保证评价的公平公正；物料到达需求方或由需求方签收后生成最终物料编码，所属物料编码将主动推送到需求方；物料编码推送给需求方的方式包括短信、邮件、微信、电商平台，能实现信息的及时通知。

6.4.3.3 关键技术

建立平台信息编码规范标准化的方法。其包括五个部分：S101—基于物料供需商分别生成首段码和末段码；S102—基于物料类型生成后缀码，并基于发货时间生成次首段码；S103—基于物料流经中转站生成若干中间码；S104—基于物料收货时间生成次末段码；S105—将上述过程形成的编码基于区块链技术完成数据上链，供应链结束后生成由首段码到后缀码组成的物料编码。

上述方法有如下特征：从首段码到后缀码均由至少1位字符组成；所述字符包括字母、数字、特殊符号中一种或多种；包括基于发收获时间和发收点距离的物料供应速度评价码；评价码取决于T/S，其中T为发收货时间差（单位：小时），S为发收距离（单位：百千米）；所述物料到达或被签收后生成最终物料编码并被主动推送到需求方；物料编码推送给需求方通过短信等多种方式；被覆盖的中转站各自设置独特编码；物料在发货时已生成编码，从首段码到后缀码依次排列；所述中间码和次末段码采用插入的方式加入，保证任一节点下的编码完整不留空。

6.4.3.4　建设成效

目前，T/CDDSQY 001—2020《建筑行业物资供应链管理服务平台信息编码规范》已推广应用于四川华西集团有限公司、核工业西南建设集团有限公司、成都市政开发总公司、四川航空置业发展有限公司、雅安发展投资有限责任公司、雅安城市投资开发有限公司等数十家建筑企业的供应链平台。根据供应链管理服务平台信息编码规建设了华西云采平台、天府阳光采购服务平台、四川建造云等先进的供应链平台。仅华西云采平台入驻的建筑行业供应商就超过10万家，交易额超过1000亿。

（案例提供：四川华西集采电子商务有限公司）

6.4.4　标准助力眉山数字经济园农业大数据中心发展应用

6.4.4.1　项目背景

为贯彻落实《国务院关于积极推进"互联网+"行动的指导意见》（国发〔2015〕40号），京东与眉山市东坡区人民政府达成新时代战略合作伙伴关系，共同打造"以云计算为支撑，以大数据为驱动"的智能城市生态，将京东在云计算、大数据的技术经验和资源优势与眉山市东坡区农业产业资源优势有机结合，打造地方农业产业发展新模式，促进"产业上云转型"和"云上产业聚集"，助力眉山市东坡区"兴业""善政""惠民"，形成"云聚产业，智赢未来"的经济发展新局面。

6.4.4.2　项目功能

京东（东坡）数字经济园农业大数据中心（以下简称农业大数据中心）作为京东在川内首家农业大数据信息平台，集合了智数大屏、京东农场、AIOC全网电商大数据平台，立足眉山核心产业"柑橘&泡菜"，利用数据的采集、存储、计算和分析功能，全面带动眉山市农业产业实现信息化、数字化、智能化、规模化。通过数据来驱动业务的创新和发展，能够启动大数据产业创新发展新赛道、聚力数据要素多重价值挖掘和抢占大数据产业发展制高点。

农业大数据中心可以实地地呈现出全网的电商数据，不仅可以作为东坡区政府进行产业发展和规划的数据支撑和参考，也能服务每家企业，助其了解电商发展的趋势以及不同维度的数据，以优化其产品和营销方式、手段、对象。

6.4.4.3　关键技术

农业大数据中心遵照行业数据规范、接口规范、交换规范等标准以及国家级、省级农业信息化标准，采用标准化的技术和标准化的协议，确保系统及数据的规范性，保证大数据中心开放性，加强保障安全性。农业大数据中心不仅围绕眉山"柑橘&泡菜"为核心提供全链条大数据技术、工具和平台，还针对眉山市深度参与大数据要素"采、存、算、管、用"全周期活动。

农业大数据中心围绕数据清洗、数据标注、数据分析、数据可视化需求等维度，对电商产业数据进行分析加工，针对眉山市"柑橘&泡菜"为核心产业链对全网零售额、行业趋势、重点渠道进行分析，为企业提供数据指导和决策方向。

6.4.4.4　建设成效

在经济效益方面，农业大数据中心服务服务于政府和企业，为政府制定电商发展战略提供数据依据，方便企业提高商品销量，以信息产业及其相关物流数据、电商数据体验产业为主的经济业务产生直接带动效应。同时，农业大数据中心可以为农业行业积累和沉淀大量的数据、应用和服务，这些成果可以在一定程度上运用到其他行业，打通全产业链，实现多方共赢，为城市招商引资和产业发展提供有利条件。

在社会效益方面，农业大数据中心集约成本、技术赋能，提升农业领域惠农管理服务水平，可以满足市农业及涉农相关政府部门不断增加的业务数据存储和管理服务，提升了已有业务系统的利用率，同时降低了相关部门农业资源管理及监测的成本，减少人工干预和巡查等成本。此外，农业大数据中心等电商平台建设，增强农业产业对外竞争力，打造当地农业产业金名片，项目通过精准生产监测、产销监管服务建设，可提高主粮和特色农作物产量，保障农产品品质，从而增强产品市场竞争力，扩大外销，增加当地农业生产者的收入，推动当地经济向着多元化方向发展，对当地区域经济健康发展将产生重要的积极影响；同时，项目还将推动数字化、信息化农业科学技术的示范和推广，提高农民群众的劳动能力和科学文化素质，从而实现"科技兴农"目标。

（案例提供：眉山市东坡区商务博览局）

6.4.5 四川农信智能决策平台项目应用

6.4.5.1 项目背景

中国人民银行在《金融科技发展规划（2019—2021年）》中指出，要鼓励金融机构合理运用金融科技手段充分发挥数据要素倍增作用，提升金融服务质效。结合当前宏观经济环境快速变化、大行业务下沉与互联网公司双向挤压、用户行为习惯变化、强监管和经营结构约束趋紧的背景，四川农信如何利用数字技术对业务经营转型赋能，更好服务9000万客户，推进四川农信高质量发展是一个亟待解决的问题。

6.4.5.2 项目功能

智能决策平台包含数据交换、数据整合、数据挖掘、决策引擎和关系图谱五大基础模块，支撑智能贷款、智能营销两大应用，接入内外部数据，实现智能决策平台全方位基础能力建设，增强数据采集、整合和服务的标准化能力。基于智能决策平台打造四川农信互联网线上贷款产品"蜀信e贷"，夯实智能营销数据基础，实现网点、电子银行、线下营销、呼叫中心及第三方互联网引流典型触客场景应用的落地。

6.4.5.3 关键技术

参考标准和指导文件，结合实际情况，制定四川农信数据标准，推进四川农信智能决策平台建设，包含五大模块，两大应用。智能决策平台逻辑架构如图6-18所示。

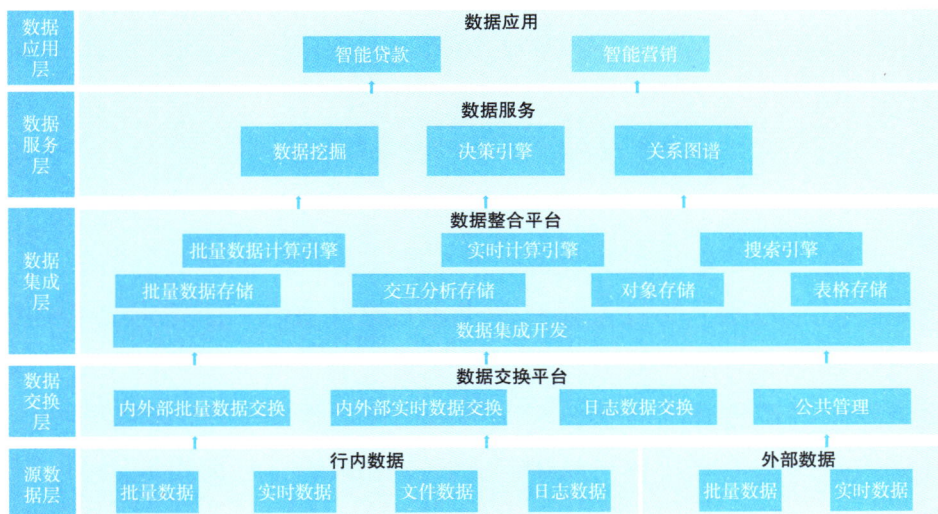

图6-18 智能决策平台逻辑架构

满足智能贷款的数据、风控模型等需求，构建智能贷款数据集市和风控模型，实现数据对业务的支撑能力建设。

以智能营销需求为驱动，构建客户集市，提升精准营销水平，构建各渠道智能化协同营销能力。

从数据仓库迁移存量数据到智能决策平台，验证现有数据仓库向大数据平台迁移的技术方案。

以智能贷款、智能营销等业务场景的人工智能需求作为输入，建设智能决策平台的智能化能力。

6.4.5.4　建设成效

四川农信智能决策平台于2019年启动建设，2020年投产。采用云计算、大数据、人工智能、微服务等技术，执行推广数据标准，构建统一的大数据体系，实现经营管理由经验决策向数据决策转变，业务流程由人工决策向机器决策转变，在基础平台建设、线上信贷产品服务、客户营销服务等方面提供了有力支撑。

（案例提供：四川省农村信用社联合社）

6.4.6　电子装备集成车间生产运营管理指标体系应用

6.4.6.1　项目背景

西南电子设备研究所装备集成车间主要承担电子装备的装配、集成测试与验证、交付与服务活动。随着自动化、信息化技术的不断发展，为应对用户复杂多变、交付期缩短、成本降低以及对产品质量要求日益提升等需求，车间提出构建数据驱动下的高效运营，从整体上提升生产效率与质量，管控进度风险，从而提升企业核心业务能力和管理水平。

6.4.6.2　项目功能

结合实际管理需求，发现车间在数据应用上的一些典型问题，如缺乏基于制造业务流程的系统性详细指标、数十个信息系统数据定义与结构不规范和对数据的应用未成体系等。该指标体系解决这些问题，全面梳理业务流程，分析业务详细需求，建立覆盖全过程的系统、科学、专业的指标体系；对制造过程和各信息系统的数据进行清洗、转换，形成标准、统一、规范的业务需求数据；打破数据应用的"单兵作战"场景，构建面向车间多角色的数据服务平台，实现基于指标的灵活、便捷、高效的数据服务。

生产运营管理指标体系与大数据技术的共同应用，实现车间全业务数据可见，建立车间的全面详细指标，并使用数据仓库（DW）、联机分析处理（OLAP）、数据挖掘（DM）等大数据技术，利用各业务单元数据资源间的关联性，整合车间业务流、信息流、数据流，实现全业务流程透明化管理和风险预警。

"通用+自助"指标数据可视服务，满足车间各类角色共性和个性化数据应用需求，建立多租户模式数据服务平台，面向既定需求提供全局和各业务活动的共性指标服务，同时提供用户自定义的个性化指标服务，以"通用+自助"的数据服务满足各类用户多样化的数据需求，并支持数据图表的可视化，为决策者提供多维度多指标的自助式数据分析。

6.4.6.3 关键技术

在业务需求和标准牵引下，车间生产运营管理指标的构建技术及应用。基于标准牵引，结合对离散制造企业普遍适用的关键性能指标调研和对业务活动流程的分析，形成由各重要业务维度组成的车间关键性能指标原始合集，通过对指标逐个论证、筛选、验证，提炼出适用于本车间的生产运营管理活动关键性能指标体系。同时基于GB/T 36073—2018《数据管理能力成熟度评估模型》标准，形成车间业务数据标准。图6-19为指标体系构建与持续改进流程示意图。

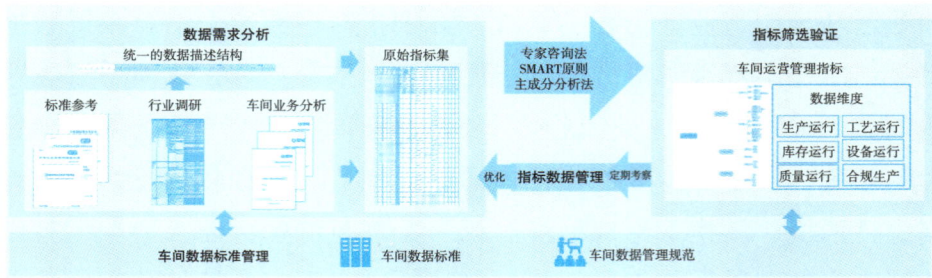

图 6-19　指标体系构建与持续改进流程示意图

车间多源异构海量数据的治理技术及应用。参考GB/T 34960.5—2018《信息技术服务 治理 第5部分：数据治理规范》等标准，开展数据治理，包括多源异构海量数据的接入和集成、数据存储和管理、数据挖掘和建模等。

"通用+自助"指标数据自助服务平台的构建技术及应用。建立开放、共享的指标数据自助服务平台，通过数据加工、数据即席查询、数据可视化、数据分享、数据定时推送等功能，提供高效灵活的业务自助分析服务。

6.4.6.4　建设成效

该体系以标准为牵引，以业务为主线，经过近两年研究和工程化实践推动，已初步打通技术路线，并在车间数字化转型中需求迫切的计划维度初步建立了单维度指标体系，依托大数据技术初步建立了"通用+自助"的指标数据服务平台；同时依托平台实现对部分指标的辅助决策模拟。后续将进一步推进指标体系在车间全业务的构建及应用。

体系应用过程中，其亮点主要体现在两方面：一是构建车间计划维指标管控体系，支撑车间计划数字化运营管理；二是建立"通用+自助"的指标数据应用方式，提升计调人员的数据应用能力，充分挖掘数据价值。

（案例提供：中国电子科技集团公司第二十九研究所）

附 录

附录1　国家、行业、地方大数据标准明细表

序号	标准编号	标准名称	类别	状态	标准范围
1 总体类标准子体系					
1.1	术语定义				
1	GB/T 41778—2022	信息技术 工业大数据 术语	国家标准	即将实施	
2	GB/T 35295—2017	信息技术 大数据 术语	国家标准	现行	界定了信息技术大数据领域中的常用术语和定义。适用于大数据领域的科研、教学和应用
1.2	标准化指南				
3	20213308—T—469	信息技术 大数据 数据治理实施指南	国家标准计划	征求意见	
4	GB/T 38667—2020	信息技术 大数据 数据分类指南	国家标准	现行	提供了大数据分类过程及其分类视角、分类维度和分类方法等方面的建议和指导。适用于大数据分类

续表

序号	标准编号	标准名称	类别	状态	标准范围
5	DB2102/T 0040.1—2022	大数据职业技能规范 第1部分：通用要求	大连市地方标准	现行	规定了大数据相关职业道德、职业划分、大数据职业资格等级、职业技能评价的一般原则和要求
6	DB15/T 2197—2021	大数据应用 数据安全管理责任指南	内蒙古自治区地方标准	现行	规定了数据共享交换场景中的基本安全要求，定义了数据共享交换过程中涉及的各相关角色的安全控制措施
7	DB15/T 2196—2021	大数据应用 云服务安全技术指南	内蒙古自治区地方标准	现行	规定了云服务客户信息系统从迁移上云到退出云计算平台全过程中各阶段的安全服务内容与技术要求
8	DB15/T 1874—2020	公共大数据安全管理指南	内蒙古自治区地方标准	现行	从通用安全、安全监管、数据采集安全、数据传输安全、数据存储安全、数据使用安全、数据交换安全、数据退役安全等方面，规定了内蒙古自治区公共大数据安全管理指南
9	DB15/T 1590—2019	大数据标准体系编制规范	内蒙古自治区地方标准	现行	给出了内蒙古自治区的大数据标准体系编制规范
1.3	参考架构				
10	GB/T 41429—2022	消费品安全大数据系统结构规范	国家标准	现行	规定了消费品安全大数据系统的基本原则、建设要求、系统结构等内容。适用于开展消费品安全大数据系统建设
11	GB/T 38666—2020	信息技术 大数据工业应用参考架构	国家标准	现行	给出大数据在工业领域的参考架构，规定了各组成部分（构建）的基本功能。适用于工业大数据开发、管理和应用
12	GB/T 35589—2017	信息技术 大数据 技术参考模型	国家标准	现行	描述了大数据的参考架构，包括角色、活动和功能组件以及它们之间的关系。适用于对大数据复杂操作的理解，可为大数据系列标准的制定提供基础

续表

序号	标准编号	标准名称	类别	状态	标准范围
13	YD/T 3595.1—2019	大数据管理技术要求 第1部分：管理框架	行业标准	现行	适用于具有AT命令功能的数字移动终端。其他具有AT命令功能的设备可参考本标准
14	DB2102/T 0041—202	大数据标准体系框架	大连市地方标准	现行	给出大数据标准体系框架，规定了大数据标准体系总体要求、标准体系结构图以及分体系结构图等内容
15	DB15/T 2198—2021	大数据应用 云密码应用规范	内蒙古自治区地方标准	现行	规定了云密码应用总体技术架构，规定了云密码资源池和云密码服务接口的技术要求
1.4	评价评估				
16	20214285—T—469	信息技术 大数据 数据资产价值评估	国家标准计划	征求意见	
17	20193178—T—469	信息技术服务 数据中心业务连续性等级评价准则	国家标准计划	正在批准	
18	20181648—T—466	时空大数据平台评价指标体系	国家标准计划	正在批准	
19	YD/T 3741—2020	互联网新技术新业务安全评估要求 大数据技术应用与服务	行业标准	现行	适用于利用公共互联网（含移动互联网）提供的、基于大数据技术的应用与服务
20	DB52/T 1558—2021	大数据安全服务人员能力评价	贵州省地方标准	现行	规定了大数据安全服务人员能力评价的服务岗位体系、能力，评价内容及要求和评价方法

续表

序号	标准编号	标准名称	类别	状态	标准范围
21	DB52/T 1548.1—2020	大数据与实体经济融合评估规范 第1部分：总则	贵州省地方标准	现行	规定了大数据与实体经济融合评估的术语和定义、评估体系框架、评估体系内容、评估方法和评估报告等
22	DB12/T 976—2020	大数据企业认定规范	天津市地方标准	现行	规定了天津市大数据企业的认定原则、大数据企业能力要求
23	DB 3404/T 1—2020	大数据企业认定规范	淮南市地方标准	现行	规定了大数据企业认定的术语和定义、大数据企业分类、大数据企业认定评价指标和认定程序
2 数据资源标准子体系					
2.1 分类编码					
24	DB37/T 4473—2021	农业大数据分类与编码规范	山东省地方标准	现行	规定了农业大数据的分类原则和方法、标识符的构成和编码、维护规则
2.2 数据资源目录					
25	DB34/T 4142—2022	特种设备安全大数据信息资源目录	安徽省地方标准	现行	规定了特种设备安全大数据信息资源目录的术语和定义、分类和编码方法
26	DB34/T 3473—2019	农业大数据信息资源目录管理	安徽省地方标准	现行	规定了农业农村信息资源目录的术语和定义、分类和编码方法
2.3 元数据					

续表

序号	标准编号	标准名称	类别	状态	标准范围
27	GB/T 38555—2020	信息技术 大数据 工业产品核心元数据	国家标准	现行	规定了工业产品的核心元数据及其表示方法。适用于工业生产活动中心对产品基本信息的分类、编目、发布和查询
2.4	数据采集和存储				
28	GB/T 41818—2022	信息技术 大数据 面向分析的数据存储与检索技术要求	国家标准	即将实施	该标准规定了面向分析的数据存储与检索的技术要求。适用于面向分析的数据存储与检索的系统或子系统的设计、开发和使用
29	GB/T 38676—2020	信息技术 大数据存储与处理系统功能测试要求	国家标准	现行	规定了大数据存储与处理系统的基本功能、分布式文件存储、分布式结构化数据存储、分布式列式数据存储、分布式图数据存储、批处理框架、流处理框架、图计算框架、内存计算框架和批流融合计算框架的功能要求。适用于大数据存储与处理系统的测试
30	GB/T 37722—2019	信息技术 大数据存储与处理系统功能要求	国家标准	现行	规定了大数据存储与处理系统的分布式文件存储、分布式结构化数据存储、分布式图数据存储、分布式列式数据存储、批处理框架、流处理框架、图计算框架、内存计算框架等的功能要求。适用于大数据存储与处理系统的设计、开发和应用部署
31	20174084—T—469	信息技术 自动识别与数据采集技术 数据载体标识符	国家标准计划	正在批准	
32	20182303—T—339	信息技术 大容量自动数据采集集（ADC）媒体语法	国家标准计划	正在批准	

续表

序号	标准编号	标准名称	类别	状态	标准范围
2.5	数据治理				
2.5.1	数据质量				
33	DB15/T 1873—2020	大数据平台 数据接入质量规范	内蒙古自治区地方标准	现行	规定了大数据平台数据接入过程中数据质量保障规范及技术要求
34	GB/T 38643—2020	信息技术 大数据 分析系统功能测试要求	国家标准	现行	规定了大数据分析的数据准备模块、分析支撑模块、数据分析模块、流程编排模块的功能测试要求。适用于指导大数据分析系统的设计、开发和交付
35	YD/T 4058—2022	电信网和互联网安全防护基线配置要求 大数据组件	行业标准	现行	规定了电信网和互联网中所使用大数据服务在安全配置方面的基本要求及监测要求，特别是大数据采集组件（如Kafka、Flume等）、大数据处理组件（如Spark、Hive等）、大数据存储组件（如Hbase、Hdfs等）及其基础设施、网络系统在安全配置方面的基本要求及检测要求。适用于使用大数据采集组件、大数据处理组件、大数据存储组件的大数据平台
36	YD/T 4045—2022	大数据 消息中间件技术要求与测试方法	行业标准	现行	主要规定了大数据需求场景下消息中间件产品的基本功能、兼容能力、管理能力、容错能力、扩展能力、安全性及性能要求和具体测试方法。适用于大数据需求场景下消息中间件产品的研发、测试、评估和验收等
37	YD/T 3775—2020	大数据分布式事务数据库技术要求与测试方法	行业标准	现行	适用于大数据分布式事务数据库产品的评估、验收等

续表

序号	标准编号	标准名称	类别	状态	标准范围
38	YD/T 3774—2020	大数据 分布式分析型数据库技术要求与测试方法	行业标准	现行	适用于分布式分析型数据库产品和服务的研发、测试、评估、验收等
39	YD/T 3773—2020	大数据 分布式批处理平台技术要求与测试方法	行业标准	现行	适用于大数据分布式批处理平台产品的设计、研发、测试、评估和验收等
40	YD/T 3772—2020	大数据 时序数据库技术要求与测试方法	行业标准	现行	适用于商用时序数据库产品的研发、测试、评估和验收等
41	YD/T 3762—2020	大数据 数据挖掘平台技术要求与测试方法	行业标准	现行	适用于数据挖掘平台产品的设计、研发、测试、评估和验收，科学大数据系统的测试，用于金融、电信、能源、公共安全等行业数据挖掘平台的测试和选型
42	YD/T 3761—2020	大数据 数据集成工具技术要求与测试方法	行业标准	现行	适用于大数据数据集成工具产品的研发、测试、评估和验收，科学大数据系统的测试等
43	YD/T 3760—2020	大数据 数据管理平台技术要求与测试方法	行业标准	现行	适用于大数据数据管理平台产品的研发、测试、评估和验收等
44	YD/T 3759—2020	大数据 商务智能（BI）分析工具技术要求与测试方法	行业标准	现行	适用于商务智能（BI）分析工具产品的研发、测试、评估和验收等，用于金融、电信、能源、公共安全等行业智能分析工具的测试和选型，同时也适用于科学大数据系统的测试
45	DB23/T 3211—2022	"互联网+监管"系统大数据中心数据质量规范	黑龙江省地方标准	现行	规范了黑龙江省"互联网+监管"系统的数据汇聚过程中对数据质量要求与非标准数据的反馈流程

续表

序号	标准编号	标准名称	类别	状态	标准范围
46	DB52/T 1620—2021	面向大数据应用的就绪可用软件产品质量要求和测试细则	贵州省地方标准	现行	规定了面向大数据应用的就绪可用软件产品的术语和定义、缩略语、符合性、软件质量要求、数据质量要求、测试文档质量要求、符合性评价细则
2.5.2	数据交换共享				
47	GB/T 38672—2020	信息技术 大数据 接口基本要求	国家标准	现行	给出了基于大数据参考架构的接口框架，规定了接口的基本要求。适用于大数据系统的设计、开发和应用部署
48	DB63/T 2019—2022	市场监管大数据平台接口规范	青海省地方标准	现行	规定了市场监管大数据平台接口总体要求、统一身份认证、数据上传、数据更新、数据删除、数据查询接口范围
49	DB43/T 1754—2020	政务大数据中心数据交换规范	湖南省地方标准	现行	规定了信息交换的总体交换框架、模式、技术要求、数据交换安全以及交换管理等要求
50	DB15/T 1872—2020	大数据平台 接入技术要求	内蒙古自治区地方标准	现行	规定了大数据平台与各数据提供单位支撑系统进行数据接入的技术要求及数据采集接口、方式
51	DB37/T 4234—2020	特种设备大数据平台数据交换技术规范	山东省地方标准	现行	规定了特种设备大数据平台数据交换的工作流程、技术架构、技术要求和数据质量保障要求
2.5.3	数据开放				
52	DB52/T 1557—2021	大数据开放共享安全管理规范	贵州省地方标准	现行	规定了大数据开放共享安全管理总体要求、数据流通过程、数据开放安全管理和数据共享安全管理
2.6	数据库建设				

续表

序号	标准编号	标准名称	类别	状态	标准范围
53	2019418—T—469	信息技术 大数据 数据资源规划	国家标准计划	正在批准	
3 技术类标准子体系					
3.1 关键技术					
54	20213296—T—469	信息技术 大数据 批流融合计算技术要求	国家标准计划	征求意见	
55	YD/T 3517—2019	面向大数据处理的物联网技术需求	行业标准	现行	适用于救护车车载信息服务系统
56	YD/T 3472—2019	电信运营商的大数据应用业务安全技术要求	行业标准	现行	适用于电信运营商的大数据应用安全保障与防护
57	20181646—T—466	时空大数据技术规范	国家标准计划	正在批准	
3.2 平台建设					
58	20181647—T—466	时空大数据平台技术规范	国家标准计划	正在批准	
59	GB/T 38673—2020	信息技术 大数据 大数据系统基本要求	国家标准	现行	规定了大数据系统的功能要求和非功能要求。适用于各类大数据系统的设计、造型、验收和检测
60	GB/T 38675—2020	信息技术 大数据 计算系统通用要求	国家标准	现行	规定了大数据计算系统的硬件、软件、网络及安全要求。适用于大数据计算系统的开发、设计和运维

续表

序号	标准编号	标准名称	类别	状态	标准范围
61	GB/T 37721—2019	信息技术 大数据分析系统功能要求	国家标准	现行	规定了大数据分析系统的数据准备模块、分析支撑模块、分析模块编排流程模块的功能要求。适用于大数据分析系统的设计、开发和应用部署
62	DB23/T 3148—2022	黑龙江省地理空间大数据中心建设第2部分：服务体系	黑龙江省地方标准	现行	规定了面向政府、行业、公众等各级用户建设的省、市级地理空间大数据中心服务体系建设需要构建的服务框架、服务内容、服务门户、服务模式等技术指标要求
63	DB23/T 3144—2022	黑龙江省地理空间大数据中心建设第1部分：数据体系	黑龙江省地方标准	现行	文件规定了黑龙江省地理空间大数据中心体系的建设总体架构、时空数据资源目录分类和内容，以及时空数据库的设计、建设、管理、更新，部署和共享交换等基本要求
3.3 平台运营管理					
64	GB/T 38633—2020	信息技术 大数据系统运维和管理功能要求	国家标准	现行	规定了大数据系统的运维和管理功能要求。适用于大数据系统运维和管理功能的设计、开发、测试
4 应用类标准子体系					
4.1 农林牧渔业					
65	LS/T 1820—2018	粮食大数据资源池设计规范	行业标准	现行	规定了粮食大数据资源池设计的总体要求、层次结构、数据构成、数据描述、数据接口、数据模型、数据安全、备份与恢复、可扩展性、资源池的管理、运行环境、设计指标等
66	DB42/T 1749—2021	农业农村大数据应用 乡村基础信息分类	湖北省地方标准	现行	规定了乡村基础信息的术语和定义、提供和公布的基本原则、信息分类、信息内容、信息格式和信息管理要求

续表

序号	标准编号	标准名称	类别	状态	标准范围
67	DB50/T 1096.7—2021	畜牧兽医大数据应用与管理 第7部分：管理要求	重庆市地方标准	现行	规定了畜牧兽医行业大数据的数据目录、数据共享、数据开放，系统管理、安全管理要求
68	DB50/T 1096.6—2021	畜牧兽医大数据应用与管理 第6部分：信息资源目录	重庆市地方标准	现行	规定了畜牧兽医行业大数据信息资源目录的术语和定义，交换库和专题库的信息资源目录
69	DB50/T 1096.5—2021	畜牧兽医大数据应用与管理 第5部分：共享交换技术要求	重庆市地方标准	现行	规定了畜牧兽医行业大数据共享交换数据交换的技术要求
70	DB50/T 1096.4—2021	畜牧兽医大数据应用与管理 第4部分：数据接口	重庆市地方标准	现行	规定了畜牧兽医行业大数据中数据接口的术语、定义和缩略语，网络要求和接口协议
71	DB50/T 1096.3—2021	畜牧兽医大数据应用与管理 第3部分：信息分类与编码	重庆市地方标准	现行	规定了畜牧兽医行业大数据信息分类与编码的术语和定义，信息分类和信息编码
72	DB50/T 1096.2—2021	畜牧兽医大数据应用与管理 第2部分：元数据	重庆市地方标准	现行	规定了畜牧兽医行业大数据应用与管理的元数据
73	DB50/T 1096.1—2021	畜牧兽医大数据应用与管理 第1部分：总则	重庆市地方标准	现行	规定了畜牧兽医行业大数据应用的术语和定义，应用与管理框架
74	DB15/T 2021.4—2020	草原大数据 第4部分：代码集	内蒙古自治区地方标准	现行	规定了代码的表示和草原大数据代码集

219

续表

序号	标准编号	标准名称	类别	状态	标准范围
75	DB15/T 2021.3—2020	草原大数据 第3部分：数据元	内蒙古自治区地方标准	现行	给出了数据元值的类型描述格式，规定了内部标识符编码规则和与草原相关的基础数据元，包括草原调查、草原建设、草原修复、草原管理、草原灾害、草原监测、草原政策、草原执法、草原影像数据等数据元
76	DB15/T 2021.2—2020	草原大数据 第2部分：数据分类与编码	内蒙古自治区地方标准	现行	规定了草原大数据信息分类与编码原则
77	DB15/T 2021.1—2020	草原大数据 第1部分：基础数据	内蒙古自治区地方标准	现行	规定了草原大数据的数据采集、处理技术、平台及工具和信息安全等技术及管理要求
78	DB37/T 3434.4—2018	农业大数据 基础代码集 第4部分：土地确权	山东省地方标准	现行	规定了农业大数据土地确权相关的代码集，包括承包方、承包地块、其他类公共代码集
79	DB37/T 3434.3—2018	农业大数据 基础代码集 第3部分：蔬菜	山东省地方标准	现行	规定了农业大数据蔬菜相关的代码集，包括种植类、加工类代码集
80	DB37/T 3434.2—2018	农业大数据 基础代码集 第2部分：植物保护	山东省地方标准	现行	规定了农业大数据植物保护相关的代码集，包括测报类、防治类代码集
81	DB37/T 3434.1—2018	农业大数据 基础代码集 第1部分：公共	山东省地方标准	现行	规定了农业大数据公共数据元的代码集，包括人员、机构、空间、其他类公共代码集
82	DB37/T 3433.4—2018	农业大数据 基础数据元 第4部分：土地确权	山东省地方标准	现行	规定了农业大数据土地确权相关的基础数据元，包括发包方、承包方、承包地块、承包合同类数据元

续表

序号	标准编号	标准名称	类别	状态	标准范围
83	DB37/T 3433.3—2018	农业大数据 基础数据元 第3部分：蔬菜	山东省地方标准	现行	规定了农业大数据蔬菜相关的基础数据元，包括种植类、加工类数据源
84	DB37/T 3433.2—2018	农业大数据 基础数据元 第2部分：植物保护	山东省地方标准	现行	规定了农业大数据植物保护相关的基础数据元，包括测报类、防治类数据元
85	DB37/T 3433.1—2018	农业大数据 基础数据元 第1部分：公共	山东省地方标准	现行	规定了农业大数据相关的公共数据元，包括人员、机构、时间、位置、数量、空间、其他类公共数据元
86	DB37/T 3432—2018	农业大数据 数据处理基本要求	山东省地方标准	现行	规定了农业大数据处理基本要求，包括数据采集、传输、预处理、存储、分析和可视化展现等环节要求
87	DB37/T 3431—2018	农业大数据 标准体系	山东省地方标准	现行	规定了农业大数据标准体系的组成和子系统体系说明等
4.2	公共管理、社会保障和社会组织				
88	20214348—T—469	政府热线大数据应用指南	国家标准计划	正在审查	给出了政府热线大数据应用模型，以及明确数据来源、开展数据治理、数据分析应用和考核评估方面的指导和建议。适用于政府热线大数据的服务应用
89	GB/T 38664.4—2021	信息技术 大数据 政务数据 开放共享 第4部分：共享评价	国家标准	已发布	规定了政务数据共享的评价内容及评价方法。适用于政务数据共享的评价活动

221

续表

序号	标准编号	标准名称	类别	状态	标准范围
90	GB/T 38664.2—2020	信息技术 大数据 政务数据开放共享 第2部分：基本要求	国家标准	现行	规定了政务数据开放共享的网络设施、资源数据、平台设施和安全保障工程的基本要求。适用于政务部门实施政务数据开放共享工程建设，为企事业单位、其他组织参考与公共数据开放共享工程建设，验收和运营提供参考，规范引导政务数据开放共享和开发利用
91	GB/T 38664.1—2020	信息技术 大数据 政务数据开放共享 第1部分：总则	国家标准	现行	规定了政务数据开放共享的相关术语和定义、概述、系统参考架构和总体要求。适用于参与实施政务数据开放共享的机构从事开放共享工程建设、验收和运营等活动，为政府机构制定政务数据开放共享策略的实施提供支持
92	GB/T 38664.3—2020	信息技术 大数据 政务数据开放共享 第3部分：开放程度评价	国家标准	现行	规定了政务数据开放程度评价原则、评价指标体系和评价方法等。适用于对政务数据开放程度进行评价
93	DB32/T 4318.2—2022	电子政务外网 安全大数据和运维保障平台接入规范 第2部分：运维保障平台	江苏省地方标准	现行	规定了江苏省电子政务外网安全大数据平台与设区市电子政务外网安全大数据平台的对接架构、对接数据内容、数据传输架构、对接模式、对接范围、对接技术要求、对接开发等
94	DB32/T 4318.1—2022	电子政务外网 安全大数据和运维保障平台接入规范 第1部分：安全大数据平台	江苏省地方标准	现行	规定了江苏省电子政务外网安全大数据平台与设区市电子政务外网安全大数据平台的数据交互接口相关的接口协议、数据报送内容、数据报送格式和数据安全要求
95	DB3206/T 1019—2021	医疗保险 医疗服务大数据智能监控系统管理规范	南通市地方标准	现行	规定了医疗保险医疗服务大数据智能监控系统的总体要求、监控系统管理、监控要求、监控效果评级及改进

续表

序号	标准编号	标准名称	类别	状态	标准范围
96	DB3206/T 1018—2021	医疗保险医疗服务大数据智慧结算系统管理规范	南通市地方标准	现行	规定了医疗保险医疗服务大数据智慧结算系统的基本要求、管理要求、操作流程及要求、评价与改进与验证
97	DB3702/T 0008—2021	养老保险待遇领取资格大数据认证服务规范	青岛市地方标准	现行	规定了养老保险待遇领取资格大数据的认证服务的认证有效期和预警器、工作职责、大数据认证服务平台、服务流程、服务保障以及服务监督、评价与改进
98	DB32/T 4040.7—2021	政务大数据 数据元规范 第7部分：自然资源和空间地理数据元	江苏省地方标准	现行	规定了自然资源和空间地理数据元的分类，以及地理实体数据、电子地图数据、遥感影像数据、地名地址数据和行业专题数据的数据元信息
99	DB32/T 4040.6—2021	政务大数据 数据元规范 第6部分：电子证照数据元	江苏省地方标准	现行	规定了电子证照数据元的分类、内部标识符组成和数据元目录
100	DB32/T 4040.5—2021	政务大数据 数据元规范 第5部分：社会信用数据元	江苏省地方标准	现行	规定了社会信用数据元的分类、内部标识符组成和数据元目录
101	DB32/T 4040.4—2021	政务大数据 数据元规范 第4部分：综合法人数据元	江苏省地方标准	现行	规定了综合法人数据元的分类、内部标识符组成和数据元目录
102	DB32/T 4040.3—2021	政务大数据 数据元规范 第3部分：综合人口数据元	江苏省地方标准	现行	规定了综合人口数据元的分类、内部标识符组成和数据元目录
103	DB32/T 4040.2—2021	政务大数据 数据元规范 第2部分：公共数据元	江苏省地方标准	现行	规定了公共数据元的分类、公共数据元目录和公共数据元的代码集

续表

序号	标准编号	标准名称	类别	状态	标准范围
104	DB32/T 4040.1—2021	政务大数据 数据元规范 第1部分：总则	江苏省地方标准	现行	规定了政务数据元的概念和组成、数据元代码集的表示范围、数据元的设计方法、数据元的维护和扩展方法、数据元的使用方法
105	DB5223/T 8.5—2020	精准扶贫大数据平台第5部分：扶贫项目投标人信用管理规范	黔西南布依族苗族自治州地方标准	现行	规定了精准扶贫大数据平台扶贫项目投标人信用管理的术语和定义、一般要求、信用评价方式以及投标人行为分析
106	DB5223/T 8.4—2020	精准扶贫大数据平台第4部分：扶贫项目资金管理规范	黔西南布依族苗族自治州地方标准	现行	规定了精准扶贫大数据平台扶贫项目资金的术语和定义、资金分配、资金使用、资金支付、监督管理和合同模块
107	DB5223/T 8.3—2020	精准扶贫大数据平台第3部分：贫困户脱贫退出管理规范	黔西南布依族苗族自治州地方标准	现行	规定了精准扶贫大数据平台贫困户的脱贫方法、脱贫指标体系及脱贫程序
108	DB5223/T 8.2—2020	精准扶贫大数据平台第2部分：贫困户识别指标体系	黔西南布依族苗族自治州地方标准	现行	规定了精准扶贫大数据平台贫困户的识别方法、识别指标体系、识别程序、信息采集及信息动态管理
109	DB5223/T 8.1—2020	精准扶贫大数据平台第1部分：功能建设规范	黔西南布依族苗族自治州地方标准	现行	规定了精准扶贫大数据平台的建设原则、基本要求、功能要求、安全要求和性能要求
110	DB36/T 1297—2020	城市消防物联网大数据应用平台物联设施设备接口规范	江西省地方标准	现行	规定了城市消防物联网大数据应用平台设施设备接入类型及其对应数据接口

续表

序号	标准编号	标准名称	类别	状态	标准范围
111	DB36/T 1296—2020	城市消防物联网大数据应用平台接口规范	江西省地方标准	现行	用于规定本省范围内省、市、县级城市消防物联网大数据应用平台之间，以及城市消防物联网大数据应用平台与社会单位、行业部门等其他消防管理服务平台之间的数据交换
112	DB5305/T 19.27—2019	保山市信息惠民工程综合标准 第27部分：信息惠民大数据平台技术标准	保山市地方标准	现行	规定了保山市信息惠民工程大数据平台的术语、总体框架、技术要求和功能规范
4.3 工业					
113	GB/T 42201—2022	智能制造 工业大数据时间序列数据采集与存储管理	国家标准	即将实施	
114	GGB/T 42130—2022	智能制造 工业大数据系统功能要求	国家标准	即将实施	
115	YD/T 4042.4—2022	智慧化工园区大数据平台 第4部分：智慧化工园区大数据平台	行业标准	现行	规定了智慧化工园区大数据平台（以下简称"智数据"）平台的运维管理规范，规定了总体要求、运维对象、运维工具、运维流程和业务运维等方面的运维管理
116	YD/T 4042.3—2022	智慧化工园区大数据平台 第3部分：综合业务管理技术要求	行业标准	现行	规定了智慧化工园区大数据平台（以下简称"智数据"）平台的综合应用管理规范，规定了总体要求、基础管理、应用管理和可视化展示等部分的功能要求。适用于智慧数据平台的综合应用及平台设计、开发应用及管理

续表

序号	标准编号	标准名称	类别	状态	标准范围
117	YD/T 4042.2—2022	智慧化工园区大数据平台 第2部分: 应用技术要求	行业标准	现行	规定了智慧化工园区大数据（以下简称"智慧数据"）平台的技术应用规范，规定了总体要求和各组成部分的技术开发和应用功能要求。适用于智慧数据平台的技术开发和应用
118	YD/T 4042.1—2022	智慧化工园区大数据平台 第1部分: 参考架构	行业标准	现行	规定了智慧化工园区大数据（以下简称"智慧数据"）平台的参考架构，规定了各组成部分的基本功能。适用于智慧数据平台的设计、开发、管理和应用
119	DB32/T 3876—2020	工业企业能耗大数据采集质量评价规程	江苏省地方标准	现行	规定了工业企业能耗大数据采集数据质量评价的指标说明、登记评价和应用标准
4.4 文化、体育和娱乐业					
120	GY/T 350.3—2021	网络视听收视大数据技术规范 第3部分: 接口	行业标准	现行	规定了网络视听收视大数据供方对外输出收视收视数据时应遵循的数据格式及接口规范。适用于互联网视听收视大数据系统和业务的规划、设计、实施、升级改造和运行维护
121	GY/T 350.2—2021	网络视听收视大数据技术规范 第2部分: 数据元素集	行业标准	现行	规定了网络视听收视大数据中的数据元素。适用于互联网视听服务大数据系统和业务的规划、设计、实施、升级改造和运行维护
122	GY/T 350.1—2021	网络视听收视大数据技术规范 第1部分: 总体要求	行业标准	现行	规定了网络视听收视大数据技术规范的总体要求，包括网络视听收视大数据数据采集、大数据平台、数据开放和服务、数据服务安全等方面的要求。适应于互联网视听服务收视大数据系统和业务的规划、设计、实施、升级改造和运行维护

续表

序号	标准编号	标准名称	类别	状态	标准范围
123	GY/T 339.3—2020	有线电视网络大数据技术规范 第3部分：数据规则	行业标准	现行	规定了有线电视网络大数据的数据源、数据内容和数据表达规则。本文件适用于有线电视网络大数据系统的设计、建设、升级改造和运行维护
124	GY/T 339.2—2020	有线电视网络大数据技术规范 第2部分：平台要求	行业标准	现行	规定了有线电视网络大数据平台的结构和技术要求、还规定了对有线电视网络大数据采集、接入、存储、处理、分析、展示和开放服务的技术要求。本文件适用于有线电视网络数据的采集、接入、存储、处理、分析、展示和开放服务，还适用于指导有线电视网络运营机构开展大数据平台的规划设计、实施、升级改造和运行维护
125	GY/T 339.1—2020	有线电视网络大数据技术规范 第1部分：通用要求	行业标准	现行	规定了有线电视网络大数据技术规范的通用要求，包括大数据系统和数据服务的功能、性能、接口、安全等方面的要求。本文件适用于有线电视网络大数据系统的规划、设计、实施、验收、升级改造和运行维护
126	DB34/T 3385—2019	旅游大数据中心建设要求	安徽省地方标准	现行	规定了旅游大数据中心建设的术语和定义、基础规范、采集指南、交换指南、信息安全指南、信息管理指南等方面的内容
4.5	金融业				
127	JR/T 0237—2021	金融大数据平台总体技术要求	行业标准	现行	规定了面向金融业的大数据平台技术要求的框架结构、功能技术要求、非功能技术要求以及接口技术要求。适用于金融大数据平台的设计、开发和应用

续表

序号	标准编号	标准名称	类别	状态	标准范围
128	JR/T 0236—2021	金融大数据术语	行业标准	现行	界定了金融大数据领域中的常用术语。适用于在金融领域中涉及到的与大数据相关的信息沟通
129	JR/T 0206—2021	证券期货业大数据平台性能测试指引	行业标准	现行	给出了证券期货业大数据平台提供性能测试指引，指引内容包括测试目标、测试准备、测试内容和方法、扩展测试。适用于证券期货行业的核心机构和经营机构对大数据平台（Hadoop平台和MPP数据库）在选型期或建设期进行性能测试
130	JR/T 0202—2020	基于大数据的支付风险智能防控技术规范	行业标准	现行	规定了基于大数据、人工智能等技术实现的安全要求。本文件适用于与支付风险防控所需的技术框架和系统实现的安全要求。本文件适用于支付风险防控相关的商业银行、非银行支付机构和清算机构等开展支付风险智能防控体系建设，运用智能防控技术搭建风险智能防控系统、提供支付风险防控服务等工作
4.6	信息传输、软件和信息技术服务业				
131	YD/T 4057—2022	电信网和互联网大数据平台安全防护检测要求	行业标准	现行	主要规定大数据平台安全防护要求的检测范围、对象、环境、方式，并按照相应安全防护等级给出级出测试方法。适用于电信网和互联网企业建设的各类大数据平台及系统
132	YD/T 3806—2020	电信大数据平台数据脱敏实施方法	行业标准	现行	用于电信大数据平台、安全管控平台中的数据脱敏
133	YD/T 3800—2020	电信网和互联网大数据平台安全防护要求	行业标准	现行	主要适用于电信网和互联网企业建设的各类大数据平台及系统

续表

序号	标准编号	标准名称	类别	状态	标准范围
134	DB4403/T 181—2021	智慧停车大数据信息标准化处理与应用规范	深圳市地方标准	现行	规定了智慧停车大数据的基本要求、核心元数据的组织与描述、标准化处理以及应用要求
135	SJ/T 11788—2021	大数据从业人员能力要求	行业标准	现行	适用于大数据产业从业人员的岗位能力培养和评价
4.7	水利、环境和公共设施管理业				
136	DB35/T 1893—2020	生态环境大数据管理平台接口规范	福建省地方标准	现行	规定了生态环境大数据管理平台的数据接口格式要求、传感器数据接口、文本/图像/视频类数据接口、关系型数据接口和数据分析接口等技术规范
5	安全标准子体系				
5.1	信息安全管理				
137	GB/T 37973—2019	信息安全技术 大数据安全管理指南	国家标准	现行	提出了大数据安全管理基本原则，规定了大数据安全需求、数据分类分级，大数据活动的安全要求，评估大数据组织进行数据安全管理、评估大数据安全风险。适用于各类机构参考，也可以供第三方评估机构参考
138	GA/T 1718—2020	信息安全技术 大数据平台安全管理产品安全技术要求	行业标准	现行	适用于大数据平台安全管理产品的设计、开发及检测
5.2	数据与平台安全				
139	YD/T 3736—2020	电信运营商大数据安全风险及需求	行业标准	现行	可用于电信运营商大数据平台

续表

序号	标准编号	标准名称	类别	状态	标准范围
5.3 服务安全					
140	GB/T 35274—2017	信息安全技术 大数据服务安全能力要求	国家标准	现行	规定了大数据服务提供者应具有的组织相关基础安全能力和数据生命周期相关的数据服务大数据服务安全能力。适用于对政府部门和企事业单位建设大数据服务安全能力，也适用于第三方机构对大数据服务提供者的大数据服务安全能力进行审查和评估

附录2　国家大数据标准明细表

序号	一级分类	二级分类	国家标准编号	标准名称	状态
1	基础	术语	GB/T 35295—2017	信息技术 大数据 术语	发布
2			GB/T 41778—2022	信息技术 工业大数据 术语	发布
3		参考架构	GB/T 35589—2017	信息技术 大数据 技术参考模型	发布
4			GB/T 38672—2020	信息技术 大数据 接口基本要求	发布
5	数据	数据资源	GB/T 18142—2017	信息技术 数据元素值表示 格式记法	发布
6			GB/T 18391.1—2009	信息技术 元数据注册系统（MDR）第1部分：框架	发布
7			GB/T 18391.2—2009	信息技术 元数据注册系统（MDR）第2部分：分类	发布
8			GB/T 18391.3—2009	信息技术 元数据注册系统（MDR）第3部分：注册系统元模型与基本属性	发布
9			GB/T 18391.4—2009	信息技术 元数据注册系统（MDR）第4部分：数据定义的形成	发布
10			GB/T 18391.5—2009	信息技术 元数据注册系统（MDR）第5部分：命名和标识原则	发布
11			GB/T 18391.6—2009	信息技术 元数据注册系统（MDR）第6部分：注册	发布
12			GB/Z 21025—2007	XML使用指南	发布

续表

序号	一级分类	二级分类	国家标准编号	标准名称	状态
13			GB/T 23824.1—2009	信息技术 实现元数据注册系统（MDR）内容一致性的规程 第1部分：数据元	发布
14			GB/T 23824.3—2009	信息技术 实现元数据注册系统（MDR）内容一致性的规程 第3部分：值域	发布
15			GB/T 32392.1—2015	信息技术 互操作性元模型 框架（MFI）第1部分：参考模型	发布
16			GB/T 32392.2—2015	信息技术 互操作性元模型 框架（MFI）第2部分：核心模型	发布
17			GB/T 32392.3—2015	信息技术 互操作性元模型 框架（MFI）第3部分：本体注册元模型	发布
18			GB/T 32392.4—2015	信息技术 互操作性元模型 框架（MFI）第4部分：模型映射元模型	发布
19			GB/T 32392.5—2018	信息技术 互操作性元模型 框架（MFI）第5部分：过程模型注册元模型	发布
20			GB/T 32392.7—2018	信息技术 互操作性元模型 框架（MFI）第7部分：服务模型注册元模型	发布
21			GB/T 32392.8—2018	信息技术 互操作性元模型 框架（MFI）第8部分：角色与目标 模型注册元模型	发布
22			GB/T 32392.9—2018	信息技术 互操作性元模型 框架（MFI）第9部分：按需模型选择	发布
23			GB/T 30881—2014	信息技术 元数据注册系统（MDR）模块	发布
24		交换共享	GB/T 36343—2018	信息技术 数据交易服务平台交易数据描述	发布
25			GB/T 37728—2019	信息技术 数据交易服务平台 通用功能要求	发布

续表

序号	一级分类	二级分类	国家标准编号	标准名称	状态
26			GB/T 32909—2016	非结构化数据表示规范	发布
27			GB/T 34952—2017	多媒体数据语义描述要求	发布
28		大数据集描述	GB/T 38667—2020	信息技术 大数据 数据分类指南	发布
29			GB/T 36344—2018	信息技术 数据质量评价指标	发布
30	技术		GB/T 35294—2017	信息技术 科学数据引用	发布
31			GB/T 34945—2017	信息技术 数据溯源描述模型	发布
32			GB/T 32908—2016	非结构化数据访问接口规范	发布
33		大数据生存周期处理技术	GB/T 36345—2018	信息技术 通用数据导入接口规范	发布
34			GB/T 41818—2022	信息技术 大数据 面向分析的数据检索与存储技术要求	发布
35			GB/T 37722—2019	信息技术 大数据存储与处理系统功能要求	发布
36			GB/T 38676—2020	信息技术 大数据 存储与处理系统功能测试要求	发布
37	平台工具	大数据系统产品	GB/T 37721—2019	信息技术 大数据分析系统功能要求	发布
38			GB/T 38643—2020	信息技术 大数据 分析系统功能测试要求	发布
39			GB/T 38673—2020	信息技术 大数据系统基本要求	发布

续表

序号	一级分类	二级分类	国家标准编号	标准名称	状态
40			GB/T 38675—2020	信息技术 大数据 计算系统通用要求	发布
41			GB/T 38633—2020	信息技术 大数据 系统运维和管理功能要求	发布
42			20213296—T—469	信息技术 大数据 批流融合计算系统技术要求	在研
43			GB/T 28821—1012	关系数据管理系统技术要求	发布
44			GB/T 30994—2014	关系数据库管理系统检测规范	发布
45		数据库产品	GB/T 34949—2017	实时数据库C语言接口规范	发布
46			GB/T 32633—2016	分布式关系数据库服务接口规范	发布
47			GB/T 32630—2016	非结构化数据管理系统技术要求	发布
48			GB/T 12991—2008	信息技术 数据库语言SQL 第1部分：框架	发布
49	治理与管理	治理	GB/T 34960.5—2018	信息技术服务 治理 第5部分：数据治理规范	发布
50			2019486—T—469	信息技术 大数据 数据资源规划	在研
51			20213297—T—469	城市数据治理能力成熟度模型	在研
52			20213308—T—469	信息技术 大数据 数据治理实施指南	在研
53		管理	GB/T 36073—2018	数据管理能力成熟度评估 模型	发布

续表

序号	一级分类	二级分类	国家标准编号	标准名称	状态
54		评估	20190840—T—4 6	数据管理能力成熟度评估方法	在研
55			20214285—T—469	信息技术 大数据 数据资产评估	在研
56		服务安全	GB/T 35274—2017	信息安全技术 大数据服务安全能力要求	发布
57			GB/T 37932—2019	信息安全技术 数据交易服务安全要求	发布
58		服务安全	GB/T 35273—2020	信息安全技术 个人信息安全规范	发布
59			GB/T 37964—2019	信息安全技术 个人信息去 标识化指南	发布
60	安全和隐私		GB/T 34978—2017	信息安全技术 移动智能终端个人信息保护技术要求	发布
61			GB/T 37988—2019	信息安全技术 数据安全能力成熟度模型	发布
62		数据安全	GB/T 39335—2020	信息安全技术 个人信息安全影响评估指南	发布
63			GB/T 20009—2005	信息安全技术 数据库管理系统安全评估准则	发布
64			GB/T 20273—2006	信息安全技术 数据库管理系统安全技术要求	发布
65			GB/T 22080—2008	信息安全技术 信息安全管理体系要求	发布
66		平台和技术安全	GB/T 22081—2008	信息安全技术 信息安全管理实用规则	发布
67			GB/T 31496—2015	信息技术 安全技术 信息安全管理体系实施指南	发布

续表

序号	一级分类	二级分类	国家标准编号	标准名称	状态
68			GB/Z 28828—2012	信息安全技术 公共及商用服务信息系统个人信息保护指南	发布
69			GB/T 37973—2019	信息安全技术 大数据安全管理指南	发布
70			GB/T 38666—2020	信息技术 大数据 工业应用参考架构	发布
71			GB/T 38555—2020	信息技术 大数据 工业产品核心元数据	发布
72		工业大数据	GB/T 42029—2022	智能制造 工业数据空间模型	发布
73			GB/T 42135—2022	智能制造 多模态数据融合 系统技术要求	发布
74			GB/T 42130—2022	智能制造 工业大数据系统功能要求	发布
75	行业		GB/T 42201—2022	智能制造 工业大数据时间序列数据采集与存储管理	发布
76			GB/T 38664.1—2020	信息技术 大数据 政务数据开放共享 第1部分：总则	发布
77		政务大数据	GB/T 38664.2—2020	信息技术 大数据 政务数据开放共享 第2部分：基本要求	发布
78			GB/T 38664.3—2020	信息技术 大数据 政务数据开放共享 第3部分：开放程度评价	发布
79			20190842—T—469	信息技术 大数据 政务数据开放共享 第4部分：共享评价	在研

附录3　四川省重点地方标准介绍

1. 公共信息资源标识规范（DB51/T 10002—2022、DB50/T 10002—2022）

《公共信息资源标识规范》于2022年10月13日发布，2022年12月1日实施，这是首个川渝地方区域大数据标准，由川渝两地市场监管局联合发布，规定了川渝区域中公共信息资源的标识分类、标识编码以及标识管理规则，适用于政务组织、非政务组织和居民公共信息资源的标识、确权、编目、注册、发布、查询、维护、管理和交易。

该标准定义了公共信息资源、标识拥有者、标识管理者、前段码、后段码、后段实体码、后段资源码等术语，明确了标识分类的依据和方法，明确了标识编码的原则和方法，明确了前段码、后段实体码、后段码、后段资源码等标识的管理规则，提出区域标识管理者可以建设和运行公共信息资源标识管理平台，提高了公共信息资源标识的分配、申请、审核、维护、管理、检索、解析、确权等的效率。

2. 四川省政务信息资源目录编制指南（DB51/T 2847—2021）

《四川省政务信息资源目录编制指南》于2021年10月14日发布，2021年12月1日实施，规定了政务信息资源目录分类方法、政务信息资源核心元数据、信息资源代码、政务信息资源目录编制流程及目录编制工作评价标准，适用于指导四川省内各级政务部门政务信息资源目录的编制，以及对基于政务信息资源共享平台的政务信息资源进行管理、共享交换和开放发布等。

该标准定义了政务信息资源、政务信息资源目录、元数据、核心元数据等术语，明确了政务信息资源目录的组成要素和目录编制的流程，明确了对政务信息资源目录的编制质量和管理进行评价的标准。

3. 四川省公共数据开放技术规范（DB51/T 2848—2021）

《四川省公共数据开放技术规范》于2021年10月14日发布，2021年12月1日实施，规定了四川省公共数据资源的元数据、版权声明、数据使用策略、数据更新要求、数据质量要求及省、市（州）平台元数据对接接口规范，适用于四川省各级政务部门的数据开放工作。

该标准定义了公共数据、元数据、元数据元素、元数据实体等术语，明确了元数据的描述方法，明确了元数据的定义和描述属性，并对四川省公共数据元数据的框架和构成做了详尽的说明，明确了版权声明、数据使用策略、数据更新要求、数据质量要求等内容，规范了省、市（州）平台元数据对接接口。

4. 四川省现代农业园区数字农业建设技术规范（DB51/T 2897—2022）

《四川省现代农业园区数字农业建设技术规范》于2022年5月20日发布，2022年7月1日实施。数字农业既是数字经济的重要组成部分，也是实现农业现代化的重要途径。该标准有效填补了四川省现代农业园区数字农业建设地方标准空白的现状。标准规定了现代农业园区数字农业建设框架、数据来源与应用领域、技术要素及要求、建设周期及要求等，其中在技术要素及要求里对数据安全管理、数据共享、分析和服务，以及数据应用进行了详细说明。

5. 四川省广告监测监管数据规范（DB51/T 2930—2022）

《四川省广告监测监管数据规范》于 2022年7月25日发布，2022年9月1日实施，规定了四川省广告监测数据的术语和定义、缩略语、数据项描述方法与规则、数据结构框架、数据目录和数据交换等内容，适用于四川省行政区域范围内广告监测监管数据的交换及相关信息系统的规划、设计和建设。

该标准有利于四川省落实《中华人民共和国广告法》和国家市场监管管理总局对广告监测监管工作的相关要求，加强广告监测监管工作程序化、规范化、制度化建设，有效解决了长期以来四川省各级各类广告监测监管系统之间的数据交互困难、维护复杂、操作重复等问题。对于四川省统筹做好省内各类媒介广告监测工作具有重要意义。

6. "天府通办"政务服务平台技术规范（DB51/T 2941—2022）

《"天府通办"政务服务平台技术规范》于2022年10月24日发布，2022年12月1日实施，规定了四川省"天府通办"政务服务平台的功能要求、政务服务应用接入流程、政务服务应用技术要求等，适用于四川省"天府通办"政务服务平台的建设、运行，以及四川省各政务服务应用与"天府通办"政务服务平台的接入及上线运行工作。

该标准定义了"天府通办"政务服务平台、"天府通办"主管单位、四川政务服务网等术语，说明了"天府通办"政务服务平台的架构和功能要求，并明确了政务服务应用接入流程和要接入"天府通办"的政务服务应用的技术要求。

7. 四川省一体化政务服务平台电子证照应用规范（DB51/T 2942—2022）

《四川省一体化政务服务平台电子证照 应用规范》于2022年10月24日发布，2022年12月1日实施，规定了四川省一体化政务服务平台电子证照共享服务的接入要求、数据接口和接口服务说明等应用规范，适用于国家电子证照共享服务系统、四川省各电子政务系统对本省电子证照的检索、下载、获取、验证、模板信息获取和二维码生成。

该标准定义了电子证照照面，说明四川省一体化政务服务平台电子证照从调阅到返回的业务逻辑，明确服务接口内容要求、服务提供和访问要求。

8. 四川省一体化政务服务平台系统接入规范（DB51/T 2943—2022）

《四川省一体化政务服务平台系统接入规范》于2022年10月24日发布，2022年12月1日实施，规定了四川省一体化政务服务平台的接入框架、接入关系、接入方式和接入要求等，适用于四川省一体化政务服务平台与国家政务服务平台、四川省相关办事服务平台、四川省各地市州政务服务平台间的系统接入。

该标准明确了政务服务事项、政务服务门户、统一身份认证、电子印章系统、电子证照系统、运维管理系统和安全保障系统等核心业务的系统接入关系和方式，并明确接入流程和要求。

9. 四川省政府网站统一信息资源库技术规范（DB51/T 2954—2022）

《四川省政府网站统一信息资源库技术规范》于2022年12月27日发布，2023年2月1日实施，规定了四川省政府网站统一信息资源库（以下简称网站统一信息资源库）总体框架功能、数据类型、数据接口、数据共享交换、安全性等相关要求，适用于四川省行政区域内省、市（州）两级政府网站统一信息资源库的建设。

该标准定义了政府网站、政府网站信息资源、政府网站统一信息资源库、元数据等术语，展示了四川省政府网站统一信息资源库整体架构设计，明确信息资源采集和存储、资源维护处理、资源应用服务、资源统计监管等功能性要求和非功能性要求，明确了信息资源数据的要求。

10. 政务数据 数据分类分级指南（DB51/T 3056—2023）

《政务数据 数据分类分级指南》于2023年4月28日发布，2023年6月1日实施，规定了四川省范围内政务数据资源管理过程中政务数据分类分级的术语和定义、数据分类、数据分级等要求，适用于指导四川省范围内政务数据的分类分级工作。

该标准定义了政务数据、敏感数据、政务数据分类、政务数据分级、政务数据共享、政务数据开放等术语，明确了数据分类的原则、要素、步骤、审批、实施和结果核查，明确了数据分级的原则、要素、方法、步骤。

11. 四川省政务信息系统建设指南（DB51/T 3057—2023）

《四川省政务信息系统建设指南》于2023年4月28日发布，2023年6月1日实施，规定了四川省级政府部门政务信息系统的总体要求、建设要求、建设流程和绩效和监督管理，适用于四川省行政区域范围内省级政府部门非涉密政务信息系统的设计和建设，市（州）可参照执行。

该标准定义了政务部门、政务信息系统、政务云、政务外网、信息安全等级、重要数据、核心数据等术语，明确了四川省政务信息系统建设的总体要求、建设要求、监督管理和审批管理流程。

12. 政务数据 数据脱敏规范（DB51/T 3058—2023）

《政务数据 数据脱敏规范》于2023年4月28日发布，2023年6月1日实施，规定了四川省范围内政务数据共享开放过程中的数据脱敏原则、数据脱敏应用场景、数据脱敏流程，适用于指导四川省范围内政务数据的数据脱敏工作，以及各级政务部门对政务数据脱敏工作机制的建立和实施。

该标准定义了敏感数据、数据脱敏等术语，明确了脱敏原则、脱敏场景和脱敏流程。

后 记

　　为展示我省大数据标准化领域研究成果和实践经验，探索大数据行业发展需求，推动我省大数据标准规范优质发展，省大数据中心、省大数据标委会组织编撰了《四川省大数据标准化发展蓝皮书》。本书从开始谋划到成书，历时一年有余，结构多次调整，内容数易其稿，力图能用简洁易懂的语言表述标准专业化发展进程，全面地向读者展示四川省大数据标准化发展的现状和未来。

　　由于篇幅限制，本书对从全省征集到的70个案例进行了反复研究论证，最终选取了30个案例，感谢提供各案例的市（州）和企业，你们对大数据标准化工作的支持给了我们编撰本书的信心和基础，也是我们推动大数据标准化建设的动力和源泉，希望以后我们能携手并肩，迈向大数据标准化建设新征程。

　　这是省大数据中心、省大数据标委会编撰的第一本蓝皮书，书中如有疏漏和错失之处，敬请来电来函批评指正，我们将无任欢迎，并悉心研究和采纳，以求未来能为读者们带来更丰富有效的知识和更顺畅适意的阅读体验。

《四川省大数据标准化发展蓝皮书》编辑部